Tour du Cotentin

association reconnue d'utilité publique
14, rue Riquet
75019 PARIS

Les falaises de Granville. Photo M.-F. Hélaers.

Sommaire

Les informations pratiques

- Le guide et son utilisation .... pp 4/5
- Quelques idées de randonnées .... p 6
- Le balisage des sentiers .... p 7
- Avant de partir .... p 9
- Se rendre et se déplacer dans la région .... p 10
- Hébergements, restauration, commerces, services .... p 10
- Adresses utiles .... p 18
- Bibliographie, cartographie .... p 20
- Réalisation .... p 21

Un bref aperçu de la région .... p 25

Le sentier GR® :
- Le GR® 223 d'Isigny-sur-Mer au Mont-Saint-Michel .... p 28

Les sentiers GR® de Pays:
- Le GRP® du Val de Saire .... p 102
- Le GRP® de la Hague .... p 114

A la découverte de la région

- Le Parc naturel régional des marais du Cotentin et du Bessin .... p 30
- L'habitat dans le marais .... p 30
- Les phoques de la côte est du Cotentin .... p 31
- L'île de Tatihou .... p 42
- Le Val de Saire .... p 43
- Cherbourg, la cité de la Mer .... p 54
- Cherbourg et ses rades .... p 55
- Du sentier des douaniers à la servitude de passage des piétons sur le littoral .... p 60
- Des dunes à perte de vue .... p 78
- La foire millénaire de Lessay : la Sainte-Croix .... p 79
- Le carnaval de Granville .... p 90
- Le musée Christian Dior .... p 91
- L'histoire du Mont-Saint-Michel .... p 100
- Rétablissement du caractère maritime du Mont-Saint-Michel p 101
- Barfleur .... p 108
- Le château des Ravalet à Tourlaville .... p 109
- Le Raz Blanchard .... p 116
- Jean-François Millet .... p 117
- Coutances et la cathédrale Notre-Dame .... p 126
- Le jardin des plantes de Coutances .... p 127

Index des noms de lieux .... p 128

Comment utiliser le topo-guide

Pour comprendre la carte IGN

Courbes de niveau
Altitude • 974

Les courbes de niveau
Chaque courbe est une ligne (figurée en orange) qui joint tous les points d'une même altitude. Plus les courbes sont serrées sur la carte, plus le terrain est pentu. A l'inverse, des courbes espacées indiquent une pente douce.

Route
Chemin
Sentier
Voie ferrée, gare
Ligne à haute tension
Cours d'eau
Nappe d'eau permanente
Source, fontaine
Pont
Eglise
Chapelle, oratoire
Calvaire
Cimetière
Château
Fort
Ruines
Dolmen, menhir
Point de vue

D'après la légende de la carte IGN au 1 : 50 000.

Les sentiers de Grande Randonnée® décrits dans ce topo-guide sont **tracés en rouge** sur la carte IGN au 1 : 50 000 (**1 cm = 500 m**).

Le Nord est situé en haut de la carte, ou à gauche lorsque celle-ci est basculée à l'horizontale (comme sur l'exemple ci-contre)

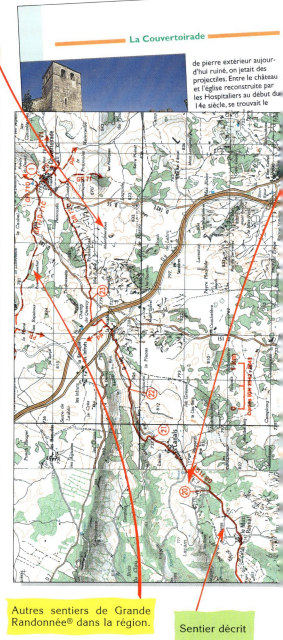

La Couvertoirade

de pierre extérieur aujourd'hui ruiné, on jetait des projectiles. Entre le château et l'église reconstruite par les Hospitaliers au début du 14e siècle, se trouvait le

Autres sentiers de Grande Randonnée® dans la région.

Sentier décrit

des Sentiers de Grande Randonnée® ?

Vous êtes ici

L'élevage ovin sur le larzac

Voici plus de quatre mille ans que l'homme commença d'élever des moutons, animaux parfaitement adaptés à ce milieu de pelouses sèches, d'herbe courte, d'absence d'eau courante. La présence des troupeaux a grandement marqué

L'élevage actuel

L'évolution s'est amorcée dans le dernier quart du 18e avec l'introduction des cultures fourragères. Les possédants étaient des hommes éclairés conscients des progrès à accomplir : produire une

*Pour découvrir **la nature** et **le patrimoine** de la région.*

Du Mas Raynal à Canals   3 km   45 mn

A 2 km du Mas Raynal, la Sorgues coule au fond d'un aven, profond de 106 m. Martel l'explora en 1889.

Du **Mas Raynal**, emprunter la D 140 en direction de La Pezade.

20 Au niveau de l'embranchement des Aires, prendre à droite sur 500 m un chemin parallèle à la route. Suivre celle-ci jusqu'à **Canals**.

Description précise du sentier de Grande Randonnée®.

Quelques infos touristiques

De Canals à La Pezade   1 km   1 h

Vestiges de fortifications, église du 18e siècle.

De **Canals**, continuer sur la D 140 sur 500 m.

21 Après le pont sur un ruisseau, obliquer à gauche sur un chemin montant qui se poursuit sur la crête. Retrouver la route.

22 Après quelques mètres, obliquer à droite sur un chemin parallèle. Emprunter à nouveau la route pour arriver à **La Pezade**.

Hors GR pour **Les Infruts** : 1 km   15 mn
Aux Infruts :
Suivre la N 9 vers le Nord.

*Le Hors GR est un itinéraire, généralement **non balisé**, qui permet de rejoindre un hébergement, un moyen de transport, un point de ravitaillement. Il est indiqué en tirets sur la carte.*

*Pour savoir **où manger, dormir, acheter des provisions, se déplacer en train ou en bus**, etc.*

(voir le tableau et la liste des hébergements et commerces).

De La Pezade à La Couvertoirade   4 km   1 h 15

À La Couvertoirade :

A l'entrée du hameau de **La Pezade**, traverser la N 9 et prendre en face un chemin creux en direction de l'autoroute. Continuer tout droit jusqu'à la clôture, suivre celle-ci sur la gauche. Emprunter le passage souterrain et rejoindre la D 185. La traverser

23 Obliquer sur un chemin bordé de murets et de haies de buis en direction de **La Couvertoirade**.

*Couleur du **balisage**.*

45

*Le temps de marche pour aller de **La Pezade** à **La Couvertoirade** est de 1 heure et 15 minutes pour une distance de 4 km.*

5

Informations pratiques

Quelques idées de randonnées

■ Les itinéraires décrits

Le GR® 223, d'Isigny-sur-Mer (Calvados) au Mont-Saint-Michel en suivant les côtes de la Manche par le sentier littoral, de 20 à 22 jours (436 km).

Le GRP® du Val de Saire, boucle au départ de Fermanville, passant par Le Vaast, Barfleur, 2 à 3 jours (51 km).

Le GRP® de la Hague, boucle au départ de Cherbourg, passant par le cap de la Hague, la côte et retour par le bocage, 4 ou 5 jours (103 km).

■ D'autres possibilités

La pointe est du Cotentin — *Deux jours*
Premier jour : Barfleur-Fermanville, 20 km
Deuxième jour : Fermanville-Tourlaville, 18 km
Voir pages 45 à 51 et 110 à 111

Sur les sites du Débarquement — *Deux jours*
Premier jour : Carentan-Beaucron, 15 km
Deuxième jour : Beaucron - Sainte-Mère-Eglise, 26 km (retour en car pour Carentan)
Voir pages 33 à 37

Tour du Val de Saire — *Trois jours*
Premier jour : Fermanville-Le Vast, 17 km
Deuxième jour : Le Vast-Barfleur, 16 km
Troisième jour : Barfleur-Fermanville, 20 km
Voir pages 103 à 107 et 45 à 49

Boucle du Coutançais — *Trois jours*
Premier jour : Coutances- La Foulerie, 12 km
Deuxième jour : La Foulerie - Coutainville-Plage, 28 km
Troisième jour : Coutainville-Plage - Coutances, 22 km
Voir pages 125 à 128, 81 à 85 et 125

Sur la côte de Granville - Le Mont-Saint-Michel — *Trois jours*
Premier jour : Granville - Saint-Jean-le-Thomas, 20 km
Deuxième jour : Saint-Jean-le-Thomas-Avranches, 23 km
Troisième jour : Avranches - Le Mont-Saint-Michel, 29 km
Voir pages 89 à 99

Tour de la baie du Mont-Saint-Michel — *Trois jours*
Premier jour : Genêts (traversée de la baie avec guide) - Le Mont-Saint-Michel - La Guintre, 15 km
Deuxième jour : La Guintre-Avranches, 23 km
Troisième jour : Avranches-Genêts, 13 km
Voir pages 95 à 99

La pointe de la Hague — *Quatre jours*
Premier jour : Querqueville-Auderville, 27 km
Deuxième jour : Auderville-Biville, 23 km
Troisième jour : Biville-Les Pieux, 23 km
Quatrième jour : soit Les Pieux-Carteret, 26 km, soit Les Pieux-Cherbourg, 26 km
Voir pages 57 à 69 et 115 à 121

Entre havre et dunes de la côte ouest du Cotentin — *Cinq jours*
Premier jour : Carteret - Denneville-Plage, 16 km
Deuxième jour : Denneville-Plage - Lessay, 28 km
Troisième jour : Lessay - Coutainville-Plage, 29 km
Quatrième jour : Coutainville-Plage - Regnéville-sur-Mer, 22 km
Cinquième jour : Regnéville-sur-Mer - Granville, 30 km
Voir pages 71 à 89

Le balisage des sentiers (voir illustration ci-contre)

Les GR® décrits dans ce topo-guide sont balisés en blanc et rouge pour les GR® 223, 223A et 223B et en jaune-rouge pour les GR® de Pays.

La randonnée : une passion **Fédé**ration

2900 associations affiliées sur toute la France organisent des randos accompagnées, pour tous les niveaux, sur une journée ou en itinérance. Rejoignez-les !

Créatrice des mythiques GR®, la Fédération participe à la promotion de la randonnée et défend l'environnement en entretenant les 180 000 km de sentiers balisés.

FFRandonnée
www.ffrandonnee.fr

La Fédération organise des stages de formations adaptés à vos besoins : du brevet d'animateur de randonnée ou de baliseur à l'apprentissage de la lecture de carte et de l'orientation.

La Fédération propose à tous, une assurance et divers avantages pour randonner en toute sérénité, en groupe ou individuellement, avec la licence ou la Randocarte®.

Pour connaître l'adresse du Comité de votre département, pour tout savoir sur l'actualité de la randonnée et découvrir la collection des topo-guides® :

www.ffrandonnee.fr

Centre d'Information de la Fédération Française de la Randonnée Pédestre
14, rue Riquet 75019 Paris - Tél : 01 44 89 93 93
Ouvert du lundi au samedi de 10h à 18h.

Avant de partir…

■ Période conseillée, météo

• Le GR® 223 Tour du Cotentin peut être parcouru en toutes saisons. Cependant, en hiver et au printemps, certains chemins sont boueux. Pour les passages sur le domaine public maritime, attention aux grandes marées.
• Avant de partir, il est vivement recommandé de prendre connaissance des prévisions météorologiques. Suivez aussi les conseils de ceux qui vous hébergent et qui connaissent bien la région.
Météo : 3250

■ Recommandations

• Soyez prudents avec les animaux et refermez bien toute clôture ou barrière après votre passage. Tenez les chiens en laisse. Une négligence pourrait avoir de graves conséquences engageant votre responsabilité.
Certains fils, placés en travers du chemin, servent à guider les troupeaux : ne les dérangez pas.
Dans une propriété privée, ne décevez pas les propriétaires qui vous accordent aimablement le passage. Sachez vous limiter au parcours balisé et rester discret. Respectez les récoltes.
Attention au feu, notamment dans les landes.

■ Les temps de marche

Les temps de marche indiqués dans les topo-guides des sentiers de Grande Randonnée® sont indicatifs. Ils correspondent à une marche effective d'un marcheur moyen.
Attention ! Les pauses et les arrêts ne sont pas comptés.
Dans les régions de plaine ou peu vallonnées, le rythme de marche est calculé sur la base de 4 km à l'heure.
Chacun adaptera son rythme de marche selon sa forme physique, la météo, le poids du sac à dos, etc.

■ Modifications d'itinéraires

Depuis l'édition de ce topo-guide, les itinéraires décrits ont peut-être subi des modifications rendues nécessaires par l'exploitation agricole ou forestière, le remembrement, les travaux routiers ou pour éviter les passages dangereux. Il faut alors suivre le nouvel itinéraire balisé.
Ces modifications, quand elles ont une certaine importance, sont disponibles, sur demande, au Centre d'information de la Fédération française de la randonnée pédestre (voir « Adresses utiles ») et sur le site Internet www.ffrandonnee.fr.
Les renseignements fournis dans ce topo-guide, exacts au moment de l'édition de l'ouvrage, ainsi que les balisages n'ont qu'une valeur indicative et n'engagent en aucune manière la responsabilité de la Fédération. Ils n'ont pour objet que de permettre au randonneur de trouver plus aisément son chemin et de suggérer un itinéraire intéressant.

■ Assurances

Le randonneur parcourt l'itinéraire décrit, qui utilise le plus souvent des voies publiques, sous sa propre responsabilité. Il reste seul responsable, non seulement des accidents dont il pourrait être victime, mais aussi des dommages qu'il pourrait causer à autrui tels que feux de forêts, pollutions, dégradations, etc.
Certains itinéraires utilisent des voies privées : le passage n'a été autorisé par le propriétaire que pour la randonnée pédestre.
Le randonneur a intérêt à être bien assuré. La Fédération et ses associations délivrent une licence ou une *Rando carte* incluant une assurance adaptée.

Se rendre et se déplacer dans la région

■ **Aéroport**

Cherbourg-Maupertus : ligne passagers

■ **Les autocaristes assurant des liaisons régulières :**

STN

- Cherbourg-Octeville (50100)
STN, Avenue Jean-François Millet, 50100 Cherbourg-Octeville , tél. 02 33 44 32 22
- Granville (50400)
STN, Cours Jonville, 50400 Granville , tél. 02 33 50 77 89
Les liaisons de la STN assurées toute l'année à l'exception de juillet et août
Cherbourg-Octeville/Barfleur/Saint-Vaast-la-Hougue/Valognes
Cherbourg-Octeville/Granville/Saint-Hilaire-du-Harcouët/Mortain
Cherbourg-Octeville/Valognes/Carentan/Saint-Lô
Coutances/Agon-Coutainville/Coutances
Cherbourg-Octeville/Coutances
Coutances/Bréhal/Granville et Gavray/Bréhal/Granville
Granville/Avranches/Le Mont-Saint-Michel
Granville/Saint-Jean-le-Thomas/Avranches/Saint-James
Granville/Avranches/Saint-Hilaire-du-Harcouet

Courriers Bretons

Esplanade Saint Vincent, 35400 Saint-Malo, tél. 02 99 19 70 80
Les liaisons des Courriers Bretons assurées toute l'année
Rennes/Le Mont Saint-Michel
Saint-Malo/Le Mont Saint-Michel
Saint-Malo/Cancale
Avranches/Pontorson
Avranches/Le Mont Saint-Michel
Le Mont Saint-Michel/Pontorson

■ **Train**

SNCF : information vente (ligne directe) 36 35
Horaires info train (ligne vocale) 08 91 67 68 69
Les gares SNCF situées à proximité du sentier
Avranches : tél. 02 33 58 00 77
Carentan : tél. 02 33 42 04 00
Cherbourg-Octeville : tél. 02 33 44 78 75
Coutances : tél. 02 33 07 50 77
Granville : tél. 02 33 50 00 94
Pontorson : tél. 02 33 60 00 35
Valognes : tél. 02 33 40 10 12

Hébergements, restauration, commerces et services

■ **Se loger**

On peut se loger chaque soir sur l'itinéraire ou à proximité immédiate. Les formules d'hébergement sont diverses et variées (gîtes d'étape, refuges, hôtels, chambres d'hôtes ou chez l'habitant, campings, etc.). Pour les gîtes d'étape et les refuges, renseignez-vous auprès du logeur pour savoir s'il faut apporter son sac ou son drap de couchage. La réservation est vivement recommandée (des arrhes pourront vous être demandées). La liste présentée se veut exhaustive, sans jugement sur la qualité de l'accueil et le confort. Certains de ces établissements possèdent un label (*Gîtes de France, Gîtes Panda, Rando Plume, Rand'hôtel, Balad'hôtel* ou *Logis de France*, entre autres) que nous indiquons.

■ **Se restaurer**

Un bon petit déjeuner pour commencer la journée, un bon dîner le soir à l'étape : c'est cela aussi la randonnée. Là encore, les formules sont variées (gîte, hôtel, tables d'hôtes, restaurants ou fermesauberges). Dans certains gîtes d'étape, on peut préparer soi-même son dîner et petit déjeuner, renseignez-vous auprès des propriétaires. Un forfait demi-pension est souvent proposé (nuit, dîner, petit déjeuner).

■ Liste des hébergements

GR® 223

• Isigny-sur-Mer (14230)
- Nombreux hébergements : se renseigner à l'Office de tourisme.

• Brévands (50500)
- Nombreuses chambres d'hôtes

• Carentan (50500)
- Nombreux hébergements : se renseigner à l'Office de tourisme.
- Camping municipal, Le Haut Dick, 30 chemin du Grand-Bas-Pays, tél/fax : 02 33 42 16 89, e-mail : lehautdick@aol.com

• Angoville-au-Plain (50480)
- Chambres d'hôtes, 9 places, ferme de la Guidonnerie, Auberge du terroir, hors GR à 2,5 km, tél. 02 33 42 33 51

• Beaucron (Brucheville 50480), hors GR à 2 km
- Gîte d'étape et de séjour, Philippe et Nathalie Lavillonnière, manoir de Beaucron, 1 rue de l'Eglise, tél/fax : 02 33 71 06 55, gitemanoirdebeaucron@tiscali.fr

• Sainte-Marie-du-Mont (50480), hors GR
- Hôtel Le Grand Hard La Rivière, 15 chambres, tél. 02 33 71 25 74, e-mail : le-grand-hard@club-internet.fr
- Camping La Baie des Veys, Le Grand-Vey, tél. 02 33 71 56 90
- Camping Utah-Beach, La Madeleine, tél. 02 33 71 53 69, e-mail : utah.beach@wanadoo.fr

• Sainte-Mère-Eglise (50480)
- Nombreux hébergements : se renseigner à l'Office de tourisme

• Montebourg (50310)
- Abbaye de Montebourg, accueil exclusif de groupes, 300 personnes, route de Quinéville, tél. 02 33 41 10 05, e-mail : abbaye.montebourg@wanadoo.fr
- Hôtel du Midi, 6 place Albert-Pèlerin, 20 chambres, tél. 02 33 41 22 16

• Quinéville (50310)
- Hôtel de la Plage, 7 av. de la Plage, 6 chambres, tél. 02 33 21 43 54
- Camping municipal La Sinope, 10 rue du Port-Sinope, tél. 02 33 21 07 38

• Quettehou (50630), hors GR à 1,5 km
- Hôtel La Demeure du Perron, 1 rue des Flandres-Dunkerque, 20 chambres, tél. 02 33 54 56 09, e-mail : hotel@demeureduperron.com
- Camping Le Rivage, 75 rue Sainte-Marie, tél. 02 33 54 13 76, e-mail : camping.lerivage@wanadoo.fr

• Saint-Vaast-la-Hougue (50550)
- Nombreux hébergements : se renseigner à l'Office de tourisme

• Ile de Tatihou (Saint-Vaast-la-Hougue 50550)
- Centre d'hébergement, 54 places, repas, ouverture d'avril à la Toussaint tous les jours et le week-end hors saison, île Tatihou, BP 3, Géraldine Geffroy, tél. 02 33 54 33 33, e-mail : ile.tatihou@cg50.fr

• Réville (50760), hors GR à 1 km
- Hôtel-restaurant Au Moyne de Saire, Village de l'Eglise, 12 chambres, tél. 02 33 54 46 06, e-mail : au.moyne.de.saire@wanadoo.fr

• Barfleur (50760)
- Gîte d'étape Les Grands Huniers, 108 rue Saint-Thomas, 13 personnes, Dewasnes, tél. 02 33 43 68 87, e-mail : contact@gites-lesgrandshuniers.com
- Hôtel Le Conquérant, 13 chambres, Mme Deloménède, tél. 02 33 54 00 82
- Hôtel Le Moderne, 3 chambres, Mme Cauchemez, tél. 02 33 23 12 44

- Nombreuses chambres d'hôtes
- Camping La Blanche Nef, tél. 02 33 23 15 40
- Camping Indiana, tél./fax 02 33 23 95 61, e-mail : phlefe@yahoo.fr

• Crabec (Gatteville-le-Phare 50760)
- Camping La Ferme du Bord de Mer, Crabec, tél. 02 33 54 01 77, e-mail : fdbm@caramail.com

• Cosqueville (50330)
- Camping Le Sablon, 38 hameau de La Mer, tél. 02 33 43 41 72
- Hôtel-restaurant, Au Bouquet de Cosqueville, tél. 02 33 54 32 81, e-mail : contact@bouquetdecosqueville.com

• Fréval (Fermanville 50840)
- Camping La Plage, 2 Le Fréval, tél. 02 33 54 38 84

• Pointe du Cap Lévi (Fermanville 50840)
- Centre d'hébergement, fort du Cap Lévi, 13 personnes, fermeture en janvier, 7 Le Cap Lévi, tél. 02 33 23 68 68, e-mail : chambre.fermanville@cg50.fr

• Fermanville 50840
- Hôtel-restaurant Le Montéreire, tél. 02 33 54 08 04

• Anse du Brick (Maupertus-sur-Mer 50330)
- Camping L'Anse du Brick, tél. 02 33 54 33 57, e-mail : welcome@anse-du-brick.com

• Bretteville-en-Saire (50110)
- Camping municipal du Fort, 47 route du Fort, tél. 02 33 22 27 60

• Tourlaville (50110)
- Camping municipal Le Collignon, Espace loisirs, plage de Collignon, tél. 02 33 20 16 88, e-mail : VPT50@wanadoo.fr

• Cherbourg-Octeville (50100)
- Auberge de jeunesse, 55 rue de l'Abbaye, tél. 02 33 78 15 15, e-mail : cherbourg@fuaj.org

- Nombreux hôtels, se renseigner à l'Office du tourisme

• Urville-Nacqueville (50460)
- Hôtel Le Beau Rivage, 2 rue Saint-Martin, 16 chambres, tél. 02 33 01 17 77
- Camping municipal, Le Clos Moisson, allée des Avoineries, tél. 02 33 03 56 73
- Camping municipal des Dunes, route du Fort, tél. 02 33 03 56 73

• Landemer (Urville-Nacqueville 50460)
- Hôtel Le Landemer, 2 rue des Douanes, 9 chambres, tél. 02 33 03 43 00

• Hameau aux Fèvres (Gréville-Hague 50440), hors GR à 1,5 km
- Gîte d'étape et de séjour, 17 places, ouvert toute l'année, M. et Mme Dumoncel, Hameau aux Fèvres, tél. 02 33 52 75 80

• Omonville-la-Rogue (50440)
- Hôtel Les Murets, la Ferme du Tourp, 7 chambres, tél. 02 33 01 84 60
- Nombreuses chambres d'hôtes
- Camping du Hable, tél. 02 33 52 86 15

• Omonville-la-Petite (50440), hors GR à 1,5 km
- Hôtel de Saint-Martin-des-Grèves, 22 chambres, tél. 02 33 01 87 87
- Hôtel La Fossardière, hameau de La Fosse, 10 chambres, tél. 02 33 52 19 83

• Auderville (50440)
- Hôtel** du Cap, 8 chambres, Mme Lecouvey, Le Bourg, tél. 02 33 52 73 46
- Hôtel de la Hague, 8 chambres, Mme Boulay, Le bourg, tél. 02 33 52 71 00
- Nombreuses chambres d'hôtes

• Vauville (50440)
- Camping** municipal La Devise, tél. 02 33 52 64 69 ou 02 33 52 87 29 (mairie)

• Biville (50440)
- Gîte d'étape, Françoise Levillayer, centre d'accueil Thomas Hélye, 60 places, ouvert

du 15/02 au 31/12, tél. 02 33 04 52 19
- Centre d'hébergement, gîte d'étape et de séjour, ouvert toute l'année, village de gîtes Les Gravelots, tél. 02 33 10 15 30, e-mail : lesgravelots@hotmail.com

• Siouville-Hague (50340)
- Centre de loisirs de la ville de Cherbourg-Octeville, Le Siou, 9 chemin des Costils, tél. 02 33 04 21 07
- Nombreuses chambres d'hôtes
- Camping municipal Clairefontaine, 7 rue Alfred-Rossel, tél. 02 33 52 42 73, e-mail : mairiesiouvillehague@wanadoo.fr

• Diélette (Flamanville 50340)
- Hôtel du Phare, restaurant, 10 chambres, tél. 02 33 52 59 55, e-mail : hotel-du-phare-dielette@wanadoo.fr
- Hôtel de la Falaise, restaurant, 20 chambres, tél. 02 33 04 08 40

• Flamanville (50340)
- Gîte d'étape, relais équestre, 13 places, repas, ouvert toute l'année, Le Château, tél/fax : 02 33 52 12 30, e-mail : mairie.flamanville@wanadoo.fr
- Gîte d'étape, 19 places, restaurant, ouvert du 01/02 au 14/12, Philippe et Isabelle Pelletant, Le Sémaphore, tél. 02 33 52 18 98

• Les Pieux (50340), par GR® de Pays à 3 km
- Hôtel Les Pieux, 67 rue Centrale, 24 chambres, tél. 02 33 52 45 17
- Camping Le Grand Large, tél. 02 33 52 40 75, le-grand-large@wanadoo.fr

• Le Rozel (50340)
- Nombreuses chambres d'hôtes
- Camping Le Ranch, tél. 02 33 10 07 10, contact@camping-leranch.com

• Surtainville (50270)
- Nombreuses chambres d'hôtes
- Camping Les Mielles, tél. 02 33 04 31 04

• Baubigny (50270)
- Nombreuses chambres d'hôtes

- Camping, Bel sito, tél. 02 33 04 32 74, camping@bel-sito.com

• Barneville-Carteret (50270)
- Nombreux hébergements : se renseigner à l'Office du tourisme
- Centre d'accueil et d'hébergement, Eugène Godey, av. des Douits, tél. 06 77 85 89 92 ou 02 33 04 63 30
e-mail : barneville-carteret@wanadoo.fr
- Gîte d'étape de la Gerfleur, 40 lits, 106 avenue de la République, tél. 02 33 04 61 31

• Saint-Georges-de-la-Rivière (50270)
- Camping municipal Les Dunes, chemin de la Grande-Mielle, tél. 02 33 52 03 84

• Portbail (50580)
- Centre Hélye Momboise, 4 rue Pierre-Curie, BP 21, tél. 02 33 04 82 14, e-mail : adpep93@tiscali.fr
- Hôtel Les Pléiades, 13-15 place Laquaine, 12 chambres, tél. 02 33 04 84 18
- Camping Le Vieux Fort, 15 route de la Plage, BP 18, tél. 02 33 04 81 99
- Camping La Côte des Isles, 14 rue Pasteur, tél. 02 33 10 13 30, e-mail : cote.des.isles@wanadoo.fr

• Denneville-Plage (50580)
- Hôtel-restaurant Les Pins, 11 route de la Mer, tél. 02 33 76 54 54, fax 02 33 07 19 39
- Camping de l'Espérance, 36 rue de la Gamburie, tél. 02 33 07 12 71, e-mail : camping.esperance@wanadoo.fr

• Saint-Germain-sur-Ay (50430)
- Camping Aux Grands Espaces, 6 rue du Camping, tél. 02 33 07 10 14

• Lessay (50430)
- Centre d'hébergement et gîte de séjour, Centre Permanent d'Initiatives pour l'Environnement du Cotentin, 44 personnes, 30 rue de l'Hippodrome, BP 42, tél. 02 33 46 37 06, e-mail : accueil@cpiecotentin.com,

- Hôtel-restaurant le Normandy, 3 place Saint-Cloud, 13 chambres, tél/fax 02 33 46 41 11
- Nombreuses chambres d'hôtes
- Camping Le Val d'Ay, 1 rue de la Poste, tél. mairie 02 33 76 58 80

• Geffosses (50560)
- Camping La Vallée, tél. 02 33 47 87 66

• Gouville-sur-Mer (50560), hors GR à 3 km
- Gîte d'étape de la Filature, 19 personnes, ouvert toute l'année, 35 rue du Littoral, tél. 02 33 45 65 30

• Agon-Coutainville (50230)
- Nombreux hébergements : se renseigner à l'Office de tourisme

• Regnéville-sur-Mer (50590)
- Hostellerie de la Baie, Le Port, 9 chambres, tél. 02 33 07 43 94
- Camping Le Ruet, 8 rue du Port, tél. 02 33 45 88 71 (Syndicat d'Initiative)

• Montmartin-sur-Mer (50590), hors GR
- Hôtel du Bon Vieux Temps, 17 chambres, 7 rue Pierre-des-Touches, tél. 02 33 47 54 44
- Centre Permanent PEP, 22 av. de la Bréquette, tél. 02 33 47 50 11, e-mail : centre.pep.montmartin@wanadoo.fr, pep50.free.fr, réservations Frédérique Milhiet-Demarest, Association départementale des Pupilles de l'Enseignement public, tél. 02 33 57 95 15
- Aire naturelle de camping, M. Lecordier, 2 impasse de la Ferme-du-Marais, tél. 02 33 47 61 87

• Hauteville-sur-Mer (50590)
- Gîte d'étape et de séjour La Croix du Sud, ouvert toute l'année, 19 personnes, Centre Azureva, gîte communal, Mme Perrais, tél. 02 33 07 65 08
- Centre d'hébergement Azureva, Les Robans, tél. 02 33 47 52 01, e-mail : hauteville@azureva-vacances.com, réservations : Azureva, Réservations Groupes, tél. 08 25 82 54 32
- Camping Les Garennes, 12 rue des Garennes, tél. 02 33 46 28 93
- Camping Le Sud, 33 av. du Sud, tél. 02 33 47 52 28

• Annoville (50660)
Camping Les Peupliers, route des Peupliers, tél. 02 33 47 67 73 ou 02 33 47 67 26 (hors saison)

• Saint-Martin-de-Bréhal (50290)
- Centre Permanent PEP, av. de la Passerelle, tél. 02 33 61 66 21, e-mail : pep.st-martin@wanadoo.fr, pep50.free.fr, réservations Frédérique Milhiet-Demarest, Association départementale des Pupilles de l'Enseignement public, tél. 02 33 57 95 15

• Coudeville-sur-Mer (50290)
- Hôtel-restaurant, le Relais des Iles, la plage, 46 chambres, tél. 02 33 61 66 66
- Camping Les Dunes, la Plage, tél. 02 33 51 76 07

• Bréville-sur-Mer (50290)
- Camping La Route Blanche, tél. 02 33 50 23 31, e-mail n_guyen@club-internet.fr

• Donville-les-Bains (50350)
- Camping intercommunal L'Ermitage, tél. 02 33 50 09 01, e-mail : camping-ermitage@wanadoo.fr
- Camping Oasis de la Plage, rue du Champ-de-Courses, tél. 02 33 50 52 01

• Granville (50400)
- Nombreux hôtels : se renseigner à l'Office de tourisme
- Centre d'hébergement et gîte d'étape, Centre Régional de Nautisme, 160 lits, boulevard des Amiraux, tél. 02 33 91 22 60, e-mail : crng50@wanadoo.fr
- Maison Familiale Les Routils, 121 rue des Routils, tél. 02 33 50 05 72, e-mail : mfr.granville@mfr.asso.fr

• Saint-Pair-sur-Mer (50380)
- Centre La Porte des Isles, 106 rue

Sainte-Anne, tél. 02 33 91 27 00, e-mail : centresaintpairfol50@wanadoo.fr, réservations : service réceptif Béatrice Grould, Fédération des Œuvres Laïques de la Manche, tél. 02 33 77 42 53

• Jullouville (50610), hors GR à 2 km
- L'Hôtel des Pins, 38 avenue de la Libération, 10 chambres, tél. 02 33 61 81 63

• Saint-Michel-des-Loups (Carolles 50740), hors GR à 3,5 km
- Gîte d'étape, 19 places, ouvert toute l'année, Mme Halleguen, La Ferme de Cheux, Saint-Michel-des-Loups, tél. 02 33 48 14 88, e-mail : halleguenp@aol.com
- Camping, La Guérinière, rue de la Poste, tél. 02 33 61 93 75, e-mail : camping-carolles@wanadoo.fr, ouvert du 1er avril au 30 septembre

• Champeaux (50530), hors GR à 500 m
- Hôtel Les Hermelles, restaurant, 6 chambres, tél. 02 33 50 40 20, claude.giard@wanadoo.fr

• Saint-Jean-le-Thomas (50530)
- Centre L'Etoile de la Mer, tél. 02 33 48 84 24, e-mail : etoiledelamer@free.fr
- Hôtel-restaurant des Bains, 8 allée Clemenceau, Mme Lemaitre, fermé de novembre à avril, 30 chambres, tél. 02 33 48 84 20, e-mail : hdesbains@aol.com
- Hôtel Le Relais Saint-Michel, 2 rue du Général-de-Gaulle, 7 chambres, tél. 02 33 60 39 30
- Camping municipal, place Pignochet, tél. 02 33 48 84 02

• Dragey-Ronthon (50530), hors GR
- Camping Les Cognets, tél./fax 02 33 48 86 98, ouverture du 1er avril au 31 octobre

• Genêts (50530)
- Auberge de jeunesse, 28 rue de l'Ortillon, tél. 02 33 58 40 16, e-mail : genets@fuaj.org
- Nombreuses chambres d'hôtes

- Camping Les Coques d'Or, 14 route du Bec-d'Andaine, tél. 02 33 70 82 57
- Camping La Pérame, tél. 02 33 70 82 49

• Vains (50300)
- Maison familiale rurale d'éducation et d'orientation, Le Puits, tél. 02 33 89 23 70, e-mail : mfr.vains@mfr.asso.fr

• Avranches (50300), par GR® 22 à 1 km
- Nombreux hébergements : se renseigner à l'Office du tourisme

• Pontaubault (50220)
- Hôtel les 13 Assiettes, la Gare, Mme Baudu, tél. 02 33 89 03 03
- Camping La Vallée de la Sélune, 7 rue du Maréchal-Leclerc, tél. 02 33 60 39 00

• Céaux (50220), hors GR à 2 km
- Hôtel-restaurant du Soleil Levant, 15 rue Patton, tél. 02 33 60 47 39

• La Guintre (Courtils 50220), hors GR à 500 m
- Gîte d'étape, 18 personnes, ouvert toute l'année, Elie Lemoine, La Guintre, Bas-Courtils, tél. 02 33 60 13 16
- Hôtel Le Manoir, 5 chambres, 42 route du Mont-Saint-Michel, tél. 02 33 48 46 51

• Servon (50170), hors GR
- Gîte de séjour, M. et Mme Sauvage, Le Grand-Manoir, tél. 02 33 68 30 15
- Auberge du terroir Le Bourg, Mme Lefort, tél. 02 33 60 17 92

• La Caserne (Pontorson 50170)
- Nombreux hébergements : se renseigner à l'Office du tourisme

• Le Mont-Saint-Michel (50170)
- Nombreux hôtels : se renseigner à l'Office du tourisme
- Camping du Mont-Saint-Michel, route du Mont-Saint-Michel, tél. 02 33 60 22 10, e-mail : stmichel@le-mont-saint-michel.com

▶ Pour calculer la longueur d'une étape, il suffit d'additionner les chiffres de la colonne de gauche et de rajouter, si votre lieu d'hébergement se situe hors GR, le temps figurant entre parenthèses.

kilomètres	LOCALITÉS / RESSOURCES	Pages	🏨	🏠	🛏	⛺	🛒	🍴	☕	ℹ️	🚌	🚆
	ISIGNY-SUR-MER *GR® 223*	29	•		•	•	•	•	•	•	•	
19	CARENTAN	33	•		•	•	•	•	•	•	•	•
13	LA RIVE	33			•							
0	▶ BEAUCRON (hors GR à 2 km)	33		•								
23,5	SAINTE-MÈRE-ÉGLISE	37	•		•	•	•	•	•	•	•	
12	MONTEBOURG	39	•	•	•	•	•	•	•	•	•	
12,5	QUINEVILLE	39	•		•		•	•	•	•		
12	SAINT-VAAST-LA-HOUGUE	41	•		•	•	•	•	•	•		
4	▶ REVILLE (hors GR à 1 km)	45	•		•		•	•				
9	BARFLEUR	45	•	•	•		•	•	•	•	•	
19	▶ FERMANVILLE (hors GR à 1 km)	49	•	•	•	•	•	•	•	•	•	
2	CAP LEVI (Fermanville)	51	•		•							
3	ANSE DU BRICK (Fermanville)	51	•			•		•				
17	CHERBOURG	53	•	•	•		•	•	•	•	•	•
7	QUERQUEVILLE	57	•				•	•		•		
4	URVILLE-NACQUEVILLE	57				•	•			•		
1,5	LANDEMER	59	•				•					
0	▶ LE HAMEAU-AUX-FÈVRES (hors GR à 1,5 km)	59		•								
7	OMONVILLE-LA-ROGUE	59	•		•	•		•	•			
5	▶ OMONVILLE-LA-PETITE (hors GR à 1,5 km)	59	•				•					
8	▶ AUDERVILLE (hors GR à 1 km)	63	•		•			•	•			
22	BIVILLE	65		•			•	•	•			
7	SIOUVILLE	67	•		•	•	•	•	•		•	
3	DIELETTE	67	•				•					
4	FLAMANVILLE	67	•		•		•	•	•		•	
6	▶ LES PIEUX (par GRP Hague à 3 km)	69	•				•	•		•	•	
2,5	LE ROZEL	69			•	•	•					
6	SURTAINVILLE	69			•	•	•	•				
4	BEAUBIGNY	69			•	•						
10	BARNEVILLE-CARTERET	71	•	•	•	•	•	•	•	•	•	
11	PORTBAIL	73	•	•	•	•	•	•	•	•	•	
5	DENNEVILLE-PLAGE	73	•		•	•	•	•	•			
27,5	LESSAY	77	•	•	•	•	•	•	•	•		
21	▶ Gîte de GOUVILLE à 3,5 km	81		•		•		•	•			
7,5	COUTAINVILLE-PLAGE	83	•		•	•	•	•	•			
22	REGNÉVILLE-SUR-MER	85	•		•		•	•	•			
6	HAUTEVILLE-SUR-MER	85		•	•	•	•	•	•			
13	SAINT-MARTIN-DE-BRÉHAL	87			•		•	•				
1	COUDEVILLE-PLAGE	87	•			•	•					
4	DONVILLE-LES-BAINS	89			•	•	•	•			•	
5	GRANVILLE	89	•		•	•	•	•	•	•	•	•
3	SAINT-PAIR-SUR-MER	89		•	•	•	•	•	•		•	
4	KAIRON	93				•						
6	CAROLLES-PLAGE	93						•	•			
0	▶ JULLOUVILLE (hors GR à 2 km)	93	•			•	•	•	•		•	
7	SAINT-JEAN-LE-THOMAS	93	•	•	•	•	•	•	•		•	
10	GENÊTS	95	•	•	•	•	•	•	•		•	

kilomètres	LOCALITÉS	Pages	Hôtel	Gîte d'étape	Chambre d'hôte	Camping	Ravitaillement	Restaurant	Café	OT/SI	Car	Gare
12	▶ AVRANCHES (par GR® 22 à 1 km)	97	•				•	•	•	•	•	•
10	PONTAUBAULT	97	•			•	•	•				
11	▶ LA GUINTRE (hors GR à 500 m)	99			•							
5	LA CASERNE	99	•			•		•	•		•	
2	LE MONT-SAINT-MICHEL	99	•					•	•	•	•	
	GR®° Tour Val de Saire	103										
0	▶ FERMANVILLE (hors GR à 1 km)	49	•			•	•	•	•	•	•	
16	LE VAST	105			•		•	•	•			
14	MONTFARVILLE	107			•	•		•			•	
2	BARFLEUR	107	•	•	•	•		•	•	•	•	
	ANSE DU BRICK **GR® 223A**	51	•			•		•				
14,5	LA GLACERIE-ÉGLISE	111		•			•					
3,5	▶ LA GLACERIE-MAIRIE (hors GR à 500 m)	111	•									
3,5	VALLÉE DE QUINCAMPOIX	111	•					•	•			
1,5	OCTEVILLE	113	•					•	•		•	
16,5	URVILLE-NACQUEVILLE	57	•			•		•	•		•	
	GRP® de la Hague	115										
0	SCIOTOT	115				•		•	•			
3	LES PIEUX	115	•					•	•	•	•	
10	VIRANDEVILLE	115						•	•		•	
13	OCTEVILLE	121	•					•	•		•	
2,5	CHERBOURG	121	•	•	•		•	•	•	•	•	•
	LESSAY **GR® 223B**	77	•	•	•		•	•	•	•	•	•
28,5	LA FOULERIE	123		•	•			•				
5,5	MONTHUCHON	125			•			•	•			
6	COUTANCES	125	•			•		•	•	•	•	•
14	REGNÉVILLE-SUR-MER	85	•		•	•		•	•			

🏨 Hôtel   ⛺ Camping   🍴 Restaurant   ☕ Café   🚌 Gare   🚐 Car
🏠 Gîte d'étape ou auberge de jeunesse   🛏 Chambre d'hôte   🛒 Ravitaillement   ℹ OT/SI   ▬ Distributeur de billets*

* ne figurent que dans le descriptif.

• Pontorson (50170), hors GR à 8 km
- Camping Haliotis, chemin des Soupirs, tél. 02 33 68 11 59, e-mail : info@camping-haliotis-mont-saint-michel.com
- Auberge de Jeunesse, Centre Duguesclin, 21 bd du Général-Patton, tél/fax 02 33 60 18 65, e-mail : aj@ville-pontorson.fr

GR® de Pays Tour du Val de Saire

• Le Vast (50630)
- Nombreuses chambres d'hôte

• Montfarville (50760)
- Nombreuses chambres d'hôtes
- Camping municipal Réville-Jonville, tél. 02 33 54 48 41, e-mail : camping-jonville@saint-vaast-reville.com
- Camping La Haye, tél. 02 33 54 30 31

GR® 223A

• La Glacerie (50470)
- Gîte de la Manufacture, Mme Taja, 12 lits, 1 rue du Général-Leclerc, 02 33 43 52 83
- Nombreux hôtels : se renseigner à

l'Office du tourisme de Cherbourg-Octeville

• Cherbourg-Octeville (50130)
- Nombreux hébergements : se renseigner à l'Office du tourisme

GRP® La Hague

• Les Pieux (50340)
- Hôtel Les Pieux, 67 rue Centrale, 24 chambres, tél. 02 33 52 45 17
- Camping Le Grand Large, tél. 02 33 52 40 75, le-grand-large@wanadoo.fr

• Cherbourg-Octeville (50130)
- Nombreux hébergements : se renseigner à l'Office du tourisme

GR® 223B

• La Foulerie (Ancteville 50200)
- Gîte d'étape et chambres d'hôtes, manoir de la Foulerie, M. Enouf, tél. 02 33 45 27 64, e-mail : manoir.foulerie@libertysurf.fr

• Monthuchon (50200)
- Nombreuses chambres d'hôtes

• Coutances (50200)
- Nombreux hébergements : se renseigner à l'Office du tourisme
- Maison Familiale Rurale, 57 av. de la Division-Leclerc, tél. 02 33 19 11 90, e-mail : mfr.coutances@mfr.asso.fr

Adresses utiles

■ **Pour organiser votre randonnée**

- Centre d'Information de la Fédération française de la Randonnée pédestre, 14 rue Riquet, 75019 Paris, tél. 01 44 89 93 93, fax 01 40 35 85 67,
Internet : www.ffrandonnee.fr,
e-mail : info@ffrandonnee.fr

- Comité Départemental de la Randonnée Pédestre de la Manche, 1, rue du 8 Mai 1945, 50570 Marigny, tél/fax : 02 33 55 34 30,
e-mail : cdrp50@wanadoo.fr,
internet : www.ffrandonnee.fr

- Comité Départemental du Tourisme de la Manche, Maison du Département, 50008 Saint-Lô Cedex, tél. 02 33 05 98 70, fax : 02 33 56 07 03,
e-mail : manchetourisme@cg50.fr,
internet : www.manchetourisme.com, www.mancherandonnee.com

■ **Les Offices de Tourisme**

- Office de Tourisme d'Isigny, 1, rue Victor-Hugo, 14230 Isigny-sur-Mer, tél. 02 31 21 46 00

- Office de Tourisme des Marais de Carentan, boulevard de Verdun, BP 204, 50500 Carentan, tél. 02 33 71 23 50, e-mail : info@ot-carentan.fr

- Office de Tourisme cantonal de Sainte-Mère-Eglise, 6, rue Eisenhower, 50480 Saint-Mère-Eglise, tél. 02 33 21 00 33, e-mail : ot.stemereeglise@wanadoo.fr

- Office de Tourisme intercommunal de Montebourg, 20 rue du Général Leclerc, 50310 Montebourg, tél. 02 33 41 15 73,
e-mail : office-intercommunal-tourisme @wanadoo.fr

- Office de Tourisme de Saint-Vaast-Reville, 1 place du Général de Gaulle, 50550 Saint-Vaast-la-Hougue, tél. 02 33 23 19 32, fax : 02 33 54 41 37,
e-mail : office-de-tourisme@saint-vaast-reville.com

- Office de Tourisme de Fermanville, vallée des Moulins, 50840 Fermanville, tél. 02 33 54 61 12,
e-mail : otsi.fermanville@free.fr

- Office de Tourisme de Cherbourg, 2 quai Alexandre III, 50100 Cherbourg-Octeville, tél. 02 33 93 52 02,
e-mail : tourisme@ot-cherbourg-cotentin.fr

- Office de Tourisme de la Hague, rue Jallot, BP 119, 50440 Beaumont-Hague, tél. 02 33 52 74 94,
e-mail : tourisme@lahague.org

- Office de Tourisme Les Pieux, 31 route de Flamanville, 50340 Les Pieux, tél. 02 33 52 81 60,
e-mail : tourisme.lespieux@wanadoo.fr

- Office de Tourisme de Barneville-Carteret, 10 rue des Ecoles, BP 101, 50270 Barneville-Carteret, tél. 02 33 04 90 58 Carteret : 02 33 04 94 54, e-mail : tourisme.barneville-carteret@wanadoo.fr

- Office de Tourisme de Portbail, 26, rue Philippe Lebel, 50580 Portbail, tél. 02 33 04 03 07, e-mail : tourisme.portbail@wanadoo.fr

- Syndicat d'Initiative communautaire de Lessay, 11 place Saint-Cloud, 50430 Lessay, tél. 02 33 45 14 34, e-mail : otlessay@voila.fr

- Office de Tourisme d'Agon-Coutainville, place du 28 juillet, 50230 Agon-Coutainville, tél. 02 33 76 67 30,
e-mail : contact@coutainville.com

- Office de Tourisme du Pays de Coutances, place Georges Leclerc, 50200 Coutances, tél. 02 33 19 08 10, e-mail : tourisme-coutances@wanadoo.fr

- Office de Tourisme du canton de Montmartin-sur-Mer, 10 avenue Aumesle, 50590 Hauteville-sur-Mer, tél. 02 33 47 51 80,
e-mail : tourisme-montmartin@wanadoo.fr

- Office de Tourisme du canton de Bréhal, BP 10, 50290 Bréhal, tél/fax : 02 33 90 07 95,
e-mail : tourism.canton.brehal@wanadoo.fr

- Office de Tourisme de Granville, 4 cours Jonville, 50406 Granville cedex, BP 621, tél. 02 33 91 30 03,
e-mail : office-tourisme@ville-granville.fr

- Syndicat d'Initiative de Saint-Jean-le-Thomas, 21 place Le Jaudet, 50530 Saint-Jean-le-Thomas, tél/fax : 02 33 70 90 71, www.stjeanlethomas.com

- Office de Tourisme d'Avranches, Hôtel de ville, BP 238, 50302 Avranches cedex, tél. 02 33 58 00 22,
e-mail : tourisme@avranches.fr

- Office de Tourisme de Pontorson, place de l'Hôtel de Ville, 50170 Pontorson, tél. 02 33 60 20 65,
e-mail : tourisme.pontorson@wanadoo.fr

■ Pour toute question relative à la **SPPL** (servitude de passage des piétons sur le littoral) :

- Direction Départementale de l'Equipement, SAUE/E3D, boulevard de la Dollée, BP 496, 50006 Saint-Lô cedex, tél. 02 33 06 39 58, fax 02 33 06 39 09

■ **Les Maisons de la Baie**

- Relais de Genêts, place de la Mairie, 50530 Genêts, tél. 02 33 89 64 00 fax 02 33 89 64 09,
e-mail : maison.baie.genets@wanadoo.fr, internet :www.baiedumontsaintmichel.com

- Relais de Courtils, route de la Roche Torin, 50220 Courtils, tél. 02 33 89 66 00, fax 02 33 89 66 09,
e-mail : musee.courtils@wanadoo.fr

- Relais de Vains-Saint-Léonard, Saint-Léonard, route du Grouin du Sud 50300 Vains-Saint-Léonard, tél. 02 33 89 06 06, fax 02 33 89 06 07, e-mail : musee.vains-saint-leonard@wanadoo.fr

- Compagnies de guides et indépendants, agréés « guides de la Baie » par la

Préfecture et le Conseil Général de la Manche, vous guident pour traverser la Baie du Mont Saint-Michel à pied.

- Chemins de la Baie du Mont Saint-Michel, Les guides naturellement…, 14, place des Halles, 50530 Genêts, tél. 02 33 89 80 88, fax 02 33 89 80 87, e-mail : cheminsdelabaie@wanadoo.fr, www.cheminsdelabaie.fr

- Découverte de la Baie du Mont Saint-Michel, La Maison du Guide, Grande Rue, 50530 Genets, tél. 02 33 70 83 49, fax 02 33 48 25 67

- Stéphane Guéno, Sport Evasion, 1, rue de Tombelaine, 50300 Le Val Saint-Pere, tél. 02 33 68 10 00 / 06 14 70 55 14, www.sport-evasion-fr.com

- Didier Lavadoux**,** guide naturaliste indépendant, 36, Grande Rue, 50530 Genêts, tél/fax : 02 33 70 84 19 ou 06 75 08 84 69, d'avril à octobre,

e-mail : didier.lavadoux@wanadoo.fr

- Loisirs et Sports de pleine Nature, Sébastien Daligault, 19, route du Marais, 50220, Juilley, tél. 06 11 75 61 60, e-mail : daligaultv@aol.com

- V.M.P.S., 6, rue de la Métairie, 50170 Boucey, tél. 02 33 60 68 00, fax 02 33 60 68 02,
e-mail : info@mont-saint-michel.com, internet : www. mont-saint-michel-voyages.com

- Aventure... et vous, Jacky Gromberg, 25, rue Patton, 50300 Avranches, tél. 06 83 29 78 10, tél./fax 02 33 60 94 69, e-mail : aventure-et-vous@fr.st, internet : www. aventure-et-vous.fr.st

- Dans les pas du guide, Ribeyrolles Olivier, 1, rue de la Forge, 50530 Dragey, tél. 02 33 58 44 82,
e-mail : olivier.ribeyrolles@free.fr, internet : http://lespasduguide.free.fr

Bibliographie, cartographie

■ Connaissance de la région

- *La Manche sauvage*, éd. Ouest France
- Guéné (E.), *La Manche en l'an 2000, de Cherbourg au Mont-Saint-Michel*, éd. Manche Tourisme

■ Hébergements

- *Gîtes d'étape et refuges, France et frontières*, Mouraret A. et S., Rando Editions. Internet : www.gites-refuges.com

■ Topo-guides® de randonnée de la région

- *La Manche à pied*, éd. Fédération française de la Randonnée pédestre
- *Balades dans le Parc des Marais du Cotentin et du Bessin*, éd. Dakota
- Edités par les Communautés de Communes, les Offices de Tourisme et associations locales
- Randonnées en pays de Carentan
- Les pieds dans le Plain, Promenades et Randonnées autour de Sainte-Mère-Eglise
- 37 balades en pays viking (Val de Saire)
- Promenades et randonnées dans la Hague
- Promenades et randonnées dans le canton des Pieux
- Randonnée en Côtes des îles (canton de Barneville-Carteret)
- Promenades et randonnées dans la région de Saint-Malo-de-la-Lande
- Promenades et randonnées dans la région de Coutances
- Promenades et randonnées dans la région de Montmartin-sur-Mer
- Promenades et randonnées autour de Sartilly
- Promenades et randonnées autour d'Avranches
- Promenades et randonnées autour de Pontorson

■ **Cartographie**

- Cartes IGN au 1 : 25 000 1312 E, 1311 E, 1311 0, 1310 0T, 1210 OT, 1211 OT, 1212 ET, 1214 ET, 1215 ET.
- Cartes IGN au 1 : 100 000 n° 6 et 16
- Cartes IGN au 1 : 200 000 n ° 231
- Cartes IGN au 1 : 125 000 Manche

Pour bien préparer sa randonnée, il est conseillé de lire **Le Guide du randonneur,** *édition Fédération Française de la Randonnée Pédestre.*

Réalisation

Cette nouvelle version a été assurée par le Comité Départemental de la Randonnée Pédestre, sous la direction de Robert Levivier.

Le balisage et l'entretien des itinéraires sont assurés par les baliseurs officiels de la Fédération française de la Randonnée pédestre et par les communes et communautés de communes concernées.

L'aménagement du sentier du littoral est suivi par le service Aménagement, Urbanisme et Environnement de la Direction Départementale de l'Equipement de la Manche.

Ont participé à la description de l'itinéraire, à l'écriture des textes thématiques et à la mise à jour des informations touristiques : Martine Bessin, Maurice Hue, Claude Le Tollec, Marcel Leconte, Gérard Lerouvillois, Robert Levivier, Julien Mottin, Didier Ozouf, Stéphane Watrin, Anne-Christelle Brossard, Ingrid Besselievre, Edmond Thin, M. Cl. Houyvet, Office de Tourisme de Coutances, Claire Montemont, Gilles Targat.

La coordination de l'ouvrage a été assurée par Maryline Damoville, agent de développement du Comité Départemental de la Randonnée Pédestre de la Manche.

La création du GR® 223 Tour du Cotentin, l'animation et la coordination entre les diverses équipes ont été réalisées par M. François de la Peschardière, ancien délégué départemental de la Fédération Française de la Randonnée Pédestre pour la Manche. Ont participé bénévolement à la création de ce sentier : M. l'Abbé Jean Béasse, et une équipe de jeunes d'Avranches ; MM. Georges Rocher, président de l'ATPM, Robillard et Hoenner pour le secteur de Granville ; M. et Mme Watrin, M. Cléraux et l'équipe de Coutances, notamment M. et Mme Bellée, Mme Varin ; M. et Mme Yonnet, Annie Yonnet pour le secteur de Lessay ; M. Bocage à Carteret, M. Hamel aux Pieux ; M. et Mme Fruneau, MM. Thoumine et Bosquet, ainsi qu'une équipe du collège Lecorre d'Equeurdreville pour la Hague ; M. et Mme Simon, Mme Blouet, M. et Mme Grandguillotte, M. Boivin pour le Val de Saire et Bernard Paillard (président d'honneur du Comité Départemental de la Randonnée Pédestre).

Montage du projet, direction des collections et des éditions : Dominique Gengembre. **Production éditoriale :** Isabelle Lethiec. **Secrétariat d'édition :** Philippe Lambert, Marie Décamps. **Cartographie :** Olivier Cariot, Frédéric Luc. **Suivi de la fabrication :** Jérôme Bazin, Clémence Lemaire, Elodie Gesnel. **Relecture et correction :** Marie-France Hélaers, André Gacougnolle, Elisabeth Gerson, Gérard Peter, Marie-Hélène Pagot, Anne-Marie Minvielle, Michèle Rumeau.

Communier avec la nature

www.mancherandonnee.com

Traverser à pied la Baie du Mont Saint-Michel, cheminer sur "le plus beau kilomètre de France", suivre les Chemins de saint Michel, voyager sur les Voies Vertes, observer la nature, humer les parfums et senteurs de nos jardins, caresser la pierre des châteaux, des abbayes... laissez vous mener par le bout de vos pas !

LaManche
DES POUVOIRS NATURELS

Pour des formules clés en main, organiser votre séjour en liberté ou obtenir les services d'un guide, contactez Manche Tourisme :

N°Vert 0 800 06 50 50

FFRandonnée
www.ffrandonnee.fr

RandoCarte

Découvrez tous les avantages de la RandoCarte pour randonner en toute sécurité et soutenir l'action de milliers de bénévoles qui aménagent et protègent les chemins.

Avec la FFRandonnée

Partez d'un Bon Pas !

Une Assurance adaptée

Une Assistance 24h/24

Des Services personnalisés réservés aux adhérents

De nombreux **Avantages**

Pour en savoir plus et recevoir une documentation détaillée :

Centre d'information
01 44 89 93 93
(du lundi au samedi entre 10h et 18h)

ou consulter notre site Internet :

www.ffrandonnee.fr

Fédération Française
de la Randonnée Pédestre
14, rue Riquet - 75019 Paris
Tél. 01 44 89 93 93
Fax 01 40 35 85 67

un bref aperçu de la région

La Manche, presqu'île normande

Avec sa tête au grand large et ses racines ancrées au plus profond du bocage, la Manche ressemble à ce qu'elle est : toujours entre terre et mer.

Le Cotentin, un jardin avec vue sur la mer

La baie des Veys, point de convergence des quatre rivières qui abreuvent le Parc naturel régional des Marais du Cotentin et du Bessin est un pays de Cocagne pour les oiseaux migrateurs. Quelques phoques y ont même élu domicile. Dans cette région verdoyante, l'eau est omniprésente. Les chemins suivent et coupent les ruisseaux et les canaux. Il ne faut pas s'étonner d'y croiser les bateaux de Carentan qui donnent l'impression de traverser les champs imbibés de souvenirs.

Utah Beach se souvient de ce 6 juin 1944 où l'histoire bascula, point de départ de l'élan libérateur allié. Non loin de là, le soldat Steele ne savait pas encore que son atterrissage sur le clocher de Sainte-Mère-Eglise en ferait une icône du Débarquement.

Dans la diversité du Cotentin, le Val de Saire fait figure d'enfant sage avec ses terres maraîchères et ses ports fermement ancrés dans la terre. Face à Saint-Vaast-la-Hougue, l'île Tatihou transporte l'imaginaire des marcheurs avec son seul nom ; accents exotiques, roucoulants et chaleureux, promesse de lointain à portée de main lorsque la mer

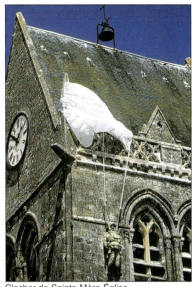

Clocher de Sainte-Mère-Église.
Photo S. Fautré/CDT50.

Île de Tatihou. *Photo CDT50.*

Grand cormoran.
Dessin P. Robin.

La Hague : phare de Goury.
Photo S. Fautré/CDT50.

se retire. Dans ce pays des merveilles, la terre s'est abandonnée au rythme d'une douce rivière, la Saire, qui distille ses douceurs chaque jour. Avec son port beau comme un décor de cinéma, Barfleur coule des jours heureux et tempérés. Le village vit au rythme de la pêche, attendant chaque jour le retour de ses enfants, tandis que le phare de Gatteville veille sur eux. Entre belvédères et grèves fougueuses, le sentier côtier n'a de cesse de surprendre, jusqu'à Cherbourg, le port aux multiples visages. On y croise moins de «pompons rouges» qu'autrefois mais l'âme y est toujours voyageuse, Quelques paquebots en escale viennent encore y parader comme aux temps des transatlantiques.

La Hague, la force sauvage

Cap à l'ouest, la côte s'y fait plus violente. Les vents et les courants sont maîtres des lieux. Les murets de pierres retiennent le penchant des terres à s'étirer vers la mer. Au large, le phare de Goury scrute les caprices du Raz Blanchard à la fougue redoutable.
Au bout de routes aux lacets vagabonds, Port Racine se découvre. Quelques barques sont amarrées par un fil à peine tendu. Plus loin, l'esprit de Jacques Prévert nous accueille dans un petit jardin tout fou où la végétation se dissipe dans un joyeux chahut.
Au bout de ce pays, le Nez de Jobourg n'appartient plus tout à fait au monde terrestre. Ses derniers rochers escarpés laissent leur empreinte au milieu d'une mer d'une rare transparence.
Traversant landes et prairies, on se sent tour à tour douanier ou contrebandier.

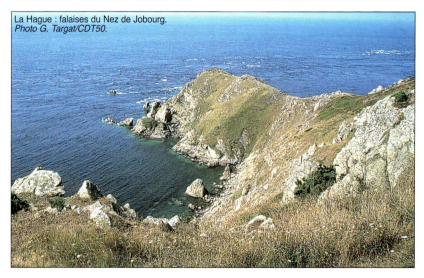

La Hague : falaises du Nez de Jobourg.
Photo G. Targat/CDT50.

Havre de Lessay. *Photo M-F Hélaers.*

De minuscules hameaux aux toits de pierre bleutée émergent soudain puis disparaissent au premier virage pour laisser place à une végétation de bruyère et d'ajoncs. Lorsque apparaît le paysage lunaire des dunes de Biville aux derniers rayons du soleil, on est propulsé dans un autre monde.

Les isles, les havres et au bout : la baie

Le long d'étendues sublimes, de plages aux mille reflets nacrés, quelques rares fous du vent défient Eole. Puis, à Carteret, au bout des chemins escarpés, la civilisation reprend ses quartiers. Au pied des villas, les touristes regardent avec envie les plaisanciers qui reviennent de Jersey ou de Guernesey.

Serpentant autour des havres, entre calme et tempête, au cœur des histoires et des mystères chers à Barbey d'Aurevilly, les pas des marcheurs vont des landes sèches aux terres légumières déjà maritimes. Sur la plage, les ostréiculteurs, maraîchers de la mer, offrent le spectacle d'un ballet de tracteurs que la marée dirige.

Les chemins font le grand écart entre terre et mer, du havre de Regnéville à Coutances, au cœur d'un pays vert et ondulé.

Et puis, la randonnée, guidée par les goélands, aborde Granville. Du haut de son Roc, la cité garde la mémoire des épopées d'antan. Au large, les îles Chausey et leur mouvement perpétuel sont une promesse de rêve accessible. Au cœur d'une sublime baie, que traversent des cohortes de pèlerins, apparaît enfin le Mont Saint-Michel qui, de Pontorson à Mortain, irradie l'espace de sa beauté. Bocages et forêts parlent encore de l'archange. Entre Normandie et Armorique, le Couesnon est au cœur de la montée des eaux. La rare intensité du spectacle nous prouve encore que la nature a toujours le dernier mot.

Mont Saint-Michel.
Photo G. Targat/CDT50.

L'itinéraire

Le sentier GR® 223
d'Isigny-sur-Mer au Mont-Saint-Michel

▶ Le GR® 223 part de Berville-sur-Mer (Eure), dans l'estuaire de la Seine, passe à Deauville et Arromanches (voir topo-guides *Le Pays d'Auge à pied* et *Le Bessin à pied*).

D'Isigny-sur-Mer à Carentan   19 km   4 h 45

A Isigny-sur-Mer : 🚋 ⛴ 🏕 🛒 🍴 ☕ 🍺 🛏 ℹ️ 🚌
A Carentan : 🚋 ⛴ 🏕 🛒 🍴 ☕ 🍺 ℹ️ 🚌 🚖

Isigny-sur-Mer, petit port normand, donne son nom à un beurre et une crème très réputés (label AOC). Ces beurres, jadis conservés grâce au sel des marais et exportés à partir du port, sont célèbres depuis le 17e siècle. Centre ostréicole et étape gastronomique.

❶ Au port d'**Isigny**, près du plan d'eau, longer la rive gauche de l'Aure vers l'aval. Partir à gauche, contourner l'étang *(aire de pique-nique)* et le camping, puis poursuivre à gauche. Au carrefour, s'engager à droite sur l'emprise de l'ancienne voie ferrée, puis longer la D 913 *(prudence)* et arriver au pont du Vey.
L'itinéraire quitte le département du Calvados pour celui de la Manche.
Franchir la Vire et poursuivre le long de la D 913 en utilisant l'accotement *(prudence)* sur 1 km.

❷ Tourner à gauche, bifurquer à droite et franchir les chicanes pour passer près du manoir de Cantepie *(construction 16e restaurée par le département de la Manche pour y installer la Maison du Parc naturel régional des Marais du Cotentin et du Bessin)*.
Limité au nord par le bocage de Valognes et au sud par le Coutançais et le Saint-Lois, le Parc naturel régional des Marais du Cotentin et du Bessin s'étend de la côte ouest du Cotentin au Bessin sur 120 000 ha, dont 25 000 ha de marais et de polders. Le Cotentin est presque ainsi séparé du continent par ces vastes espaces parcourus de canaux et de rivières. En hiver, ils deviennent d'immenses plans d'eau qui accueillent des milliers d'oiseaux.
Contourner le manoir par la gauche, traverser la D 913 *(prudence)* et continuer par la D 606 jusqu'à la mairie et l'église *(12e-18e)* des Veys *(château 16e)*. Utiliser la D 443 à gauche, puis la D 444 à droite.

❸ Bifurquer à droite sur la petite route bordée de fossés qui serpente entre les prairies drainées par des canaux. Après Coquebourg, s'engager à gauche sur le chemin de terre, passer La Grève *(jadis, la mer envahissait ce bas-pays)* et déboucher sur la D 89.

▶ Par la route à droite, possibilité de gagner la réserve ornithologique de la pointe de Brévands, à 3 km.

❹ Traverser la D 89 et arriver au bord du canal de Carentan à la mer.
Durant des siècles, avant la construction des ponts, il était dangereux de tenter la traversée de cette zone de marais séparant le Cotentin du Bessin. On faisait appel à un passeur connaissant parfaitement les gués (ou veys en dialecte).
Parcourir la digue en remontant la rive droite du canal. Passer l'ancien port de Brévands *(chambres d'hôtes)* puis Le Moulin.

Le Parc naturel régional des marais du Cotentin et du Bessin

Ce Parc a été créé en 1991 afin de lutter contre la dévitalisation de ce territoire et d'agir pour son développement et la préservation de son patrimoine. Il couvre une surface de 150 000 ha sur 143 communes de la Manche et du Calvados pour une population de 64 000 habitants. Les zones humides représentent 27 000 ha.

Le marais est un lieu de pâturages et non de cultures. On y élève vaches, chevaux, moutons. Autrefois, on y faisait aussi pâturer cochons et oies. La mise au marais a lieu entre le 15 mars et le 15 avril jusqu'à fin octobre. On y récolte aussi du foin. Ces activités agricoles sont nécessaires, sinon le marais serait une forêt vierge. C'est un lieu important pour de nombreux oiseaux migrateurs. Il s'est formé il y a plus de 10 000 ans suite aux effondrements du tertiaire. Au Moyen Âge, il était inondé neuf mois par an, la mer entrait dans les terres à chaque marée haute. La construction de portes à flots, à la fin du XVIIIe siècle, a permis de réguler cette arrivée d'eau. Les portes s'ouvrent dans le sens de la mer. Elles se referment à la première vague de marée haute. A marée basse, l'eau des rivières accumulée derrière les portes les ouvre. Ce système fonctionne depuis 200 ans. En 1944, les Allemands avaient bloqué les portes pour inonder complètement le marais.

A Saint-Côme-du-Mont, l'espace de découverte des Ponts d'Ouve est un lieu de visite indispensable pour mieux comprendre le marais. Cet espace propose accueil et informations touristiques, expositions et animations sur le patrimoine naturel et culturel de son territoire.

Baie des Veys. *Photo SMET/F. Cappelle.*

L'habitat dans le marais

Le marais du Cotentin et du Bessin a la particularité de posséder plus de 3 000 maisons traditionnelles en terre. La plupart datent du XIXe siècle mais cette technique de construction est attestée dès le XVIe siècle. Les murs présentent un éventail de couleurs chaudes allant des ocres blonds aux rouges foncés, des gris fumés aux bruns légers. Sur un soubassement de pierres, la terre piétinée, additionnée d'eau et de fibres végétales était montée par levées successives, puis tassée et taillée. Ici, cette terre, appelée bauge ou mâsse, est un matériau protecteur à la fois phonique et thermique. Le Parc participe à la réhabilitation de ce patrimoine. La maison du Glinel, au Hommet d'Arthenay, offre un bel exemple de restauration avec des techniques actuelles concernant la terre et le chaume.

La Maison des Marais. *Photo Kubacsi/CDT50.*

Les phoques de la côte Est du Cotentin

Appréciant le calme et la richesse en nourriture des estuaires, le phoque veau-marin est régulièrement observé en Baie des Veys depuis 1989. Une colonie d'une vingtaine d'individus y est installée et quelques naissances sont recensées tous les ans depuis 1991. Chaque année, après sept mois de gestation, les femelles mettent bas à la fin du printemps ou au début de l'été. Les jeunes s'émancipent généralement un mois plus tard et doivent apprendre à trouver crabes, seiches, mulets, plies ou autres poissons pour se nourrir.

Phoque veau-marin.
Dessin P. Robin.

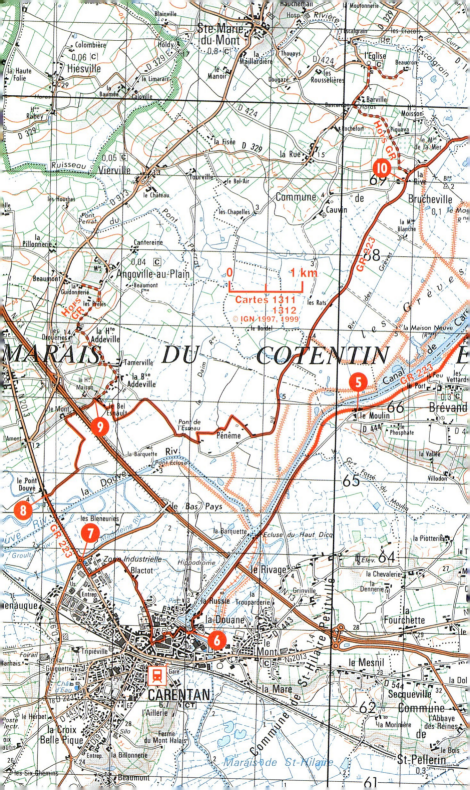

5 Poursuivre par la digue ou la route, franchir le pont et gagner l'écluse du Haut-Dicq *(utilisée pour maintenir le bassin de Carentan à flot)*. Longer le bassin qui enjambe l'A 13 par un audacieux pont-canal et parvenir à la capitainerie du port de **Carentan**.

De Carentan à La Rive 13 km 3 h 15

A la Guidonnerie :
A La Rive :

Carentan : église gothique flamboyant 15e (vestiges romans). A l'angle de la rue de l'Eglise, maison bourgeoise où Honoré de Balzac, situa en 1822, l'hôtel de Dey et l'action de son récit *Le Réquisitionnaire*. La place de la République est bordée de maisons à arcades gothiques 15e. En saison, promenade fluviale sur la Taute.

6 Contourner le port de plaisance de **Carentan**, emprunter les rues Moselmann puis du Vieux-Rempart et arriver à l'église. Se diriger en face vers la place de la République.

▶ Par la rue Holgate, accès à l'hôtel de ville *(ancien couvent des Augustins 17e-18e)*.

A gauche de la poste, prendre la rue de l'Abreuvoir. Elle se faufile entre le cimetière et l'hôpital puis traverse la zone d'activités de Blactot et atteint un rond-point.

7 Longer la D 913 à droite en direction de Saint-Côme-du-Mont, en utilisant obligatoirement l'accotement *(prudence)* et franchir les ponts *(qui permettent la traversée de la baie des Veys)* sur la Madeleine, la Groult, la Douve et la Jourdan.

Embarcadère pour les promenades fluviales sur la Douve. Maison de Découverte du Marais des Ponts d'Ouve.

8 Prendre la route à droite pour pénétrer dans le marais, puis bifurquer à gauche. A la ferme du Mont, suivre la route à droite et passer sous l'A 13.

▶ Hors GR® à la Guidonnerie (2,5 km, 30 min) : chambres d'hôtes, restaurant.

9 Partir à droite, passer le château du Bel-Esnault *(19e)*. Virer à droite puis à gauche, emprunter la route à droite puis la route à gauche, franchir le pont et gagner la première maison de Pénême. Se diriger à gauche, parvenir à la deuxième maison de Pénême, puis suivre la route à gauche. Elle zigzague dans le marais et mène à **La Rive**.

> **Hors GR® pour Beaucron** 2 km 30 mn
> *A Beaucron :*
> Prendre la deuxième route à gauche, bifurquer à droite, puis suivre la D 329 à droite jusqu'à l'église de Bruchevillle et tourner à droite pour arriver à Beaucron.

De La Rive à Utah Beach 8 km 2 h

A Utah Beach :

10 A **La Rive**, poursuivre par la route qui longe les bas-champs et atteindre l'estuaire au Grand-Vey.

Blockhaus transformé en maison, élément du Mur de l'Atlantique que l'armée allemande fit édifier pour arrêter tout débarquement entre 1942 et 1944.

Traverser le hameau du Grand-Vey *(camping)* par la route.

11 S'engager sur le chemin à droite, passer Houesville, continuer par la route, franchir le pont sur le ruisseau de la Grande-Crique et parcourir à gauche le pied de la digue qui sépare le polder des champs. Au carrefour *(à droite, le chemin conduit à deux observatoires sur la réserve de Beauguillot)*, poursuivre en face par la D 329 *(nommée Mac Gowan road)* qui borde la réserve naturelle de Beauguillot.

Gérée par la fondation Beauguillot, cette propriété couvre 66 ha de mares, prairies humides et haies qui assurent un hivernage pour les oiseaux. Près du domaine public maritime et ses vasières, ce site abrite, en hiver, le pluvier argenté, l'huîtrier pie et le chevalier gambette. A la fin du printemps, les spatules y séjournent régulièrement.

Atteindre la côte près du musée du Débarquement, à **Utah Beach**.

▶ Possibilité de gagner l'hôtel de Sainte-Marie-du-Mont, au lieu-dit la Rivière à 3 km.

D'Utah Beach à Saint-Martin-de-Varreville   7,5 km   2 h

Depuis le matin du 6 juin 1944, la plage de la Madeleine est mondialement connue sous le nom d'Utah Beach.
Après le bombardement des batteries côtières allemandes dans la dernière heure du 5 juin 1944, les premiers éclaireurs parachutistes américains touchèrent le sol près de Sainte-Mère-Eglise dès 0 h15, le mardi 6 juin. Des centaines d'autres les suivront 1 h15 après. A 4 h30, un commando occupa les îles Saint-Marcouf. Enfin, à partir de 6h30, la quatrième division d'infanterie américaine prit pied sur la plage de la Madeleine. La libération de la France est commencée. De juin à novembre 1944, 800 000 hommes, 200 000 véhicules et 700 000 tonnes d'approvisionnement transitèrent par cette plage. Chaque route ou chemin porte le nom d'un militaire américain mort en service alors que son unité non combattante aménageait la tête de pont. Musée du Débarquement.

12 Continuer. Après le dernier monument d'**Utah Beach**, à la hauteur du camping, suivre soit la plage, soit la D 421 en contrebas des dunes. A La Redoute, parcourir les dunes le long de la clôture par le sentier du littoral jusqu'au monument Leclerc.

Après la neutralisation des défenses côtières allemandes, les dunes de Varreville constituèrent un site stratégique pour les Alliés. La proximité de la route permit le dégagement de la plage après le déchargement des hommes et du matériel. C'est là que, le 1er août 1944, les soldats français de la deuxième division blindée débarquèrent avec à leur tête le général Leclerc.
A 7 km en mer, les îles Saint-Marcouf (fort de style Vauban), abritent des colonies d'oiseaux marins et une réserve ornithologique.

13 Quitter le littoral, emprunter la D 421 à gauche, puis tourner à droite. Couper la route et poursuivre par la chasse (chemin) Godet à travers de vastes prairies humides. Monter par la route à l'église *(romane)* de **Saint-Martin-de-Varreville**.

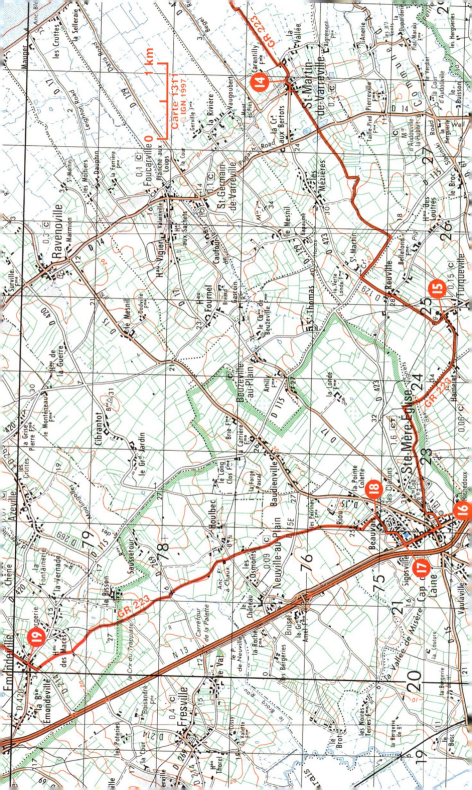

De Saint-Martin-de-Varreville à Turqueville   5 km   1 h 15

14 Monter dans **Saint-Martin-de-Varreville**, puis emprunter tout droit la chasse des Mares, la chasse Caillou, puis la chasse Patenote. Prendre la D 115 à droite et, au calvaire, la D 129 à gauche. Passer Reuville, puis gagner **Turqueville**.

De Turqueville à Sainte-Mère-Eglise   3 km   45 mn

A Sainte-Mère-Eglise :

Turqueville : église 12e-14e-15e (clocher en bâtière caractéristique).

15 A l'église de **Turqueville**, prendre la route à droite, puis continuer tout droit par le chemin qui franchit le ruisseau des Vignets, zigzague dans le bocage et parvient à **Sainte-Mère-Eglise**.

De Sainte-Mère-Eglise à Emondeville   7 km   1 h 45

Dans la nuit du 5 au 6 juin 1944, les régiments aéroportés des 82e et 101e divisions américaines furent parachutés par vagues successives dans le canton de Sainte-Mère-Eglise. L'église 12e-14e du bourg est mondialement connue depuis l'atterrissage inopiné de plusieurs soldats américains sur la place du village ; le parachutiste John Steele se retrouva même suspendu au clocher en bâtière. Le 6 juin, au lever du jour, la ville était prise. Les combats se poursuivirent avec acharnement pendant plusieurs jours. La libération de Carentan par la 101e division ne fut acquise que le 12 juin. Musée des Troupes aéroportées et musée de la Ferme du Cotentin.

16 Passer entre l'église et le musée des Troupes aéroportées de **Sainte-Mère-Eglise**, puis se diriger à droite et arriver devant l'hôtel de ville.

Borne « 0 », point symbolique du départ des combats de la libération, monument commémoratif des Victimes civiles et stèle des Libérateurs.
Créée en 1947, la Voie de la Liberté a été instaurée en hommage aux milliers de jeunes Américains tombés loin de leur patrie pour la libération de la France. Des bornes kilométriques d'un modèle particulier jalonnent l'itinéraire long de 1 145 km partant de Sainte-Mère-Eglise (borne « 0 ») et Utah Beach (borne « 00 ») jusqu'à Bastogne, en Belgique.

17 A la gendarmerie, partir à droite et gagner le musée de la Ferme du Cotentin *(chambres d'hôtes)*.

18 Tourner à gauche, contourner la ferme-musée par le chemin aménagé et poursuivre, derrière le musée, par la chasse du Monnet. Elle parcourt le Plain *(berceau des races bovine et chevaline normandes)*. Couper la D 15E, passer le carrefour, emprunter la D 269 à gauche pour franchir le pont Percé, puis s'engager à droite sur la chasse des Perruques. Au bout, prendre la D 214 à droite et atteindre **Emondeville**.

Eglise 12e-13e-15e.

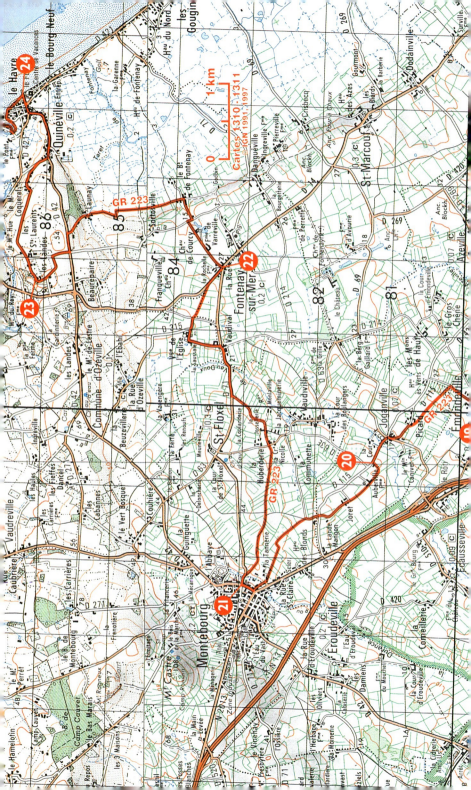

D'Emondeville à Montebourg `5 km` `1 h 15`

A Montebourg : 🏠 *(groupe)* 📅 🛏️ ⛺ 🛒 🍴 🍺 🗺️ ℹ️ 🚌

19 A l'église d'**Emondeville**, continuer tout droit, puis s'engager sur le chemin à gauche. Au hameau Picard, prendre la route à gauche et arriver à l'église de Joganville *(église 13e avec gisants de chaque côté du portail)*. Suivre la D 115 à gauche.

20 Emprunter le chemin à gauche et longer la ferme-manoir d'Auberville *(16e-17e)*. Couper la D 115, continuer par la route et, dans le virage, prendre à gauche la chasse de Jérusalem. Tourner à gauche puis à droite vers le stade, poursuivre vers le lavoir et le quartier des Tanneries. Grimper et déboucher sur la D 42, près du centre de **Montebourg**.

De Montebourg à Fontenay-sur-Mer

Montebourg : église 14e restaurée après 1944, abbaye Notre-Dame-de-l'Etoile fondée vers 1080 par Guillaume le Conquérant, détruite à la Révolution de 1789 et relevée de ses ruines au 19e siècle.
Cette cité, point stratégique sur la route de Cherbourg, fut l'enjeu de très durs combats. Prise le 12 juin 1944, perdue le 14, elle fut définitivement libérée le 19. Lors de leur retraite, les Allemands incendièrent systématiquement tout ce qui était resté debout.

21 Laisser le centre de **Montebourg** en face et suivre la D 42 à droite. Après la maison de retraite, descendre par la D 71 à droite, puis s'engager à droite sur le Bas-Chemin. A La Croix-Nicolle, traverser la D 63 et continuer par la chasse Herbue. Emprunter la D 71 à droite sur 800 m. Tourner à gauche, gagner l'église d'Ozeville et aller tout droit. Au croisement, se diriger à droite sur quelques mètres, puis prendre le chemin à gauche. Longer la D 14 à droite et parvenir au quartier La Rue, de **Fontenay-sur-Mer**.

De Fontenay-sur-Mer à Quinéville

A Quinéville :   🍴 🍺 🚌

22 Au carrefour de **Fontenay-sur-Mer**, utiliser la route à gauche et passer devant le château de Courcy *(façade classique 17e, jardins ouverts au public et collection de voitures miniatures)*. Prendre la route à droite puis la route à gauche et, au Bas-de-Fontenay, la route à gauche. Elle se prolonge en chemin jusqu'à Launay. Suivre la D 42 à gauche sur 200 m, puis la route à droite. Aller à gauche, puis à droite aux Landes et atteindre la table d'orientation *(aire de pique-nique)* du mont Coquerel.

On découvre la côte orientale du Nord-Cotentin, l'île de Tatihou, la presqu'île de la Hougue et la colline de la Pernelle au nord ; Utah Beach au sud ; les îles Saint-Marcouf, à l'est, se trouvent devant les côtes du Calvados.

23 Continuer par la route vers l'est et gagner l'église de Quinéville *(clocher d'origine romane d'où Jacques II a assisté à la bataille de la Hougue en 1692)*. Descendre par la D 42 à gauche sur le large trottoir, passer l'entrée du château de Quinéville *(hôtel-restaurant)* et retrouver le bord de mer, à **Quinéville**.

De Quinéville au Rivage 8 km 2 h

Au Rivage :

Musée de la Liberté.

24 Au niveau du musée de **Quinéville**, tourner à gauche vers le camping, puis contourner le port établi sur l'estuaire de la Sinope. Franchir le pont, puis suivre le chemin à droite et continuer par la piste qui longe la mer.

Au large, se succèdent les concessions ostréicoles et les bouchots à moules.

Le GR® traverse ainsi le littoral des communes de Lestre, Aumeville-Lestre *(chambres d'hôtes)* et Crasville *(chambres d'hôtes)*. La piste suit la côte basse et plate, puis conduit à La Redoute-de-Morsalines *(chambres d'hôtes)*. Poursuivre par la servitude piétonnière littorale (matérialisée par des bornes jaunes) qui longe des propriétés privées et atteint le lieu-dit **Le Rivage**.

Du Rivage à Saint-Vaast-la-Hougue 4 km 1 h

A Saint-Vaast-la-Hougue :

25 Au **Rivage**, le GR® continue par la servitude littorale qui zigzague du bord de mer à l'arrière des propriétés *(bien suivre balisage et jalonnement)* et parvient à l'extrémité de la D 216E2.

▶ Possibilité de rejoindre le Tour du Val de Saire, à l'est de Fanoville *(voir pages 104 et 105)* en suivant un cheminement qui passe par le Pont Rasé et rejoint un PR local *(balisage jaune)* à l'église de Quettehou, que l'on emprunte vers le Valvachet.

▶ Possibilité de rejoindre Quettehou *(hôtel-restaurant, commerces)* à 1,5 km.

26 Laisser la D 216E2 à gauche et poursuivre par la servitude du littoral. Avant le camping, partir à droite et arriver à la naissance de la presqu'île de la Hougue *(possibilité de découverte par le circuit pédestre)*. Monter sur la digue, gagner la chapelle romane des Marins qui se dresse à l'amorce de la grande jetée et entrer dans le port de **Saint-Vaast-la-Hougue**.

▶ En saison, possibilité de gagner l'île de Tatihou *(hébergement)* par le bateau amphibie ou à pied à marée basse (de coefficient 55).

L'île de Tatihou constitue un espace naturel de 20 ha de dunes et de grèves ouvert à la promenade (observation ornithologique). La tour Vauban (point de vue sur la baie), le fort (17e-19e) et le musée maritime en sont les centres d'intérêt. Elle est aussi un centre de culture scientifique (séminaires, réunions).

L'île de Tatihou

Fort de la Hougue. *Photo S. Fautré.*

Au large des côtes du Val de Saire, à 1,5 km du port de Saint-Vaast-la-Hougue, se trouve une île. L'île de Tatihou et la presqu'île de la Hougue s'ornent de tours jumelles, construites en 1694, après la perte, dans la baie, de 12 vaisseaux du vice-amiral Tourville, brûlés par les Anglais, suite à l'affrontement naval de 1692, au large de Barfleur.
Au XIXe siècle, Saint-Vaast est à son apogée : 150 bâtiments y pratiquent non seulement la pêche mais aussi le cabotage. Une jetée de 400 m est construite, puis des quais et un brise-lames en 1870 ferment le port.
En 1888 les professeurs du Muséum d'Histoire naturelle de Paris obtiennent la création d'un laboratoire d'algologie et de zoologie maritime sur Tatihou. De nombreux naturalistes fréquentent le site jusqu'en 1929.
Enfin, en 1992, sous l'impulsion du président du Conseil général Pierre Aguiton, l'île Tatihou, laissée un temps à l'abandon est restaurée, un musée maritime est ouvert au public. Un jardin botanique et une réserve ornithologique renforcent encore l'attrait du site. C'est un site naturel protégé : on y accède en bateau ou à pied (se renseigner sur les horaires de marée).

Le Val de Saire

Point de vue de la Pernelle. *Photo S. Fautré.*

C'est, à la pointe du Cotentin, le jardin au bord de la mer, planté de carottes, de persil, de choux, de salades et de pommes de terre que parfument les embruns.

C'est le bocage et les pâturages autour du vallonnement de la Saire, rivière de 37 km qui serpente du Mesnil-au-Val à Réville et faisait tourner les moulins à grains, richesse de ce pays d'agriculteurs-éleveurs.

C'est la côte douce, malgré les récifs de la pointe de Barfleur, où la pêche et l'ostréiculture se partagent les fonds marins et le littoral : les moules blondes à Barfleur, les crabes, homards ou araignées sur les quais de Saint-Vaast, les huîtres recouvertes par les marées vers Tatihou ou le Cul de loup, les coques dans la baie de Morsalines.

Si sa colline la plus célèbre est celle de La Pernelle, il ne faut pas oublier les hauteurs couvertes de landes de la pointe du Brick, ni les boisements anciens du Vicel ou de Clitourps ou encore le panorama de la chapelle de Grenneville.

Grimper les 365 marches du phare de Gatteville réserve le bonheur de découvrir depuis sa plate-forme le plateau de Valcanville et les marais de Gattemare, les Marettes de la côte nord et le Vicq de Cosqueville, noms laissés par les Vikings. Il ne faut pas non plus manquer de découvrir aussi, au détour des multiples circuits de randonnées ou du sentier des douaniers, les églises aux clochers fortifiés, les manoirs de pierre gris-rosé, les serres où mûrissent tomates, poivrons et melons.

Le Val de Saire est un petit pays intime où vivent des artisans, potier, meunier ou charpentier de marine, des pêcheurs, des éleveurs, des agriculteurs et des maraîchers. C'est la campagne associée à la force de la côte granitique sous les plus beaux ciels de Normandie.

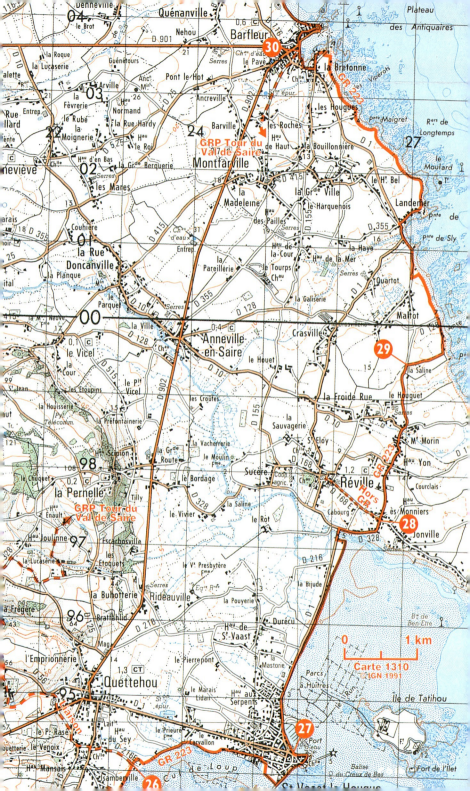

De **Saint-Vaast-la-Hougue** à **la route de Réville**

Lieu privilégié des invasions anglaises au temps de la guerre de Cent Ans, Saint-Vaast-la-Hougue vit se dérouler le célèbre combat naval du 29 mai 1962 opposant l'amiral Tourville à la flotte anglo-hollandaise. La défaite, dite de la Hougue, ruina les espoirs de Louis XIV de rétablir Jacques II sur le trône d'Angleterre. Deux ans plus tard, Vauban faisait entreprendre l'édification des fortifications de la Hougue et de l'île de Tatihou. Saint-Vaast fut également le premier port libéré par les Alliés. C'est aujourd'hui un important centre ostréicole et port de pêche et de plaisance.

27 Quitter **Saint-Vaast-la-Hougue** sur la digue qui longe la D 1 et protège le bas-pays saint-vaastais des assauts de la mer *(vue sur la vaste étendue des parcs à huîtres établis entre la côte et l'île de Tatihou).* Tourner à gauche le long des propriétés, puis suivre la route à droite pour franchir le pont sur la Saire.

Une porte à flot retient la mer qui, à marée haute, envahirait toute la vallée de la Saire. Ce paisible fleuve côtier a donné son nom à la partie est de la presqu'île du Cotentin.

Prendre la D 328 à droite le long de l'estuaire et déboucher sur la route de Réville.

> **Hors GR®** pour **le centre de Réville**
> A Réville :
> Prendre la D 168E à gauche.

De **la route de Réville** à **Barfleur**

A Barfleur :

28 Couper la **route de Réville** et continuer tout droit. La route passe dans des hameaux aux maisons de granit, écarts de la commune de Réville, et atteint le lieu-dit La Saline.

29 Bifurquer à droite vers la mer et longer la côte. A Landemer, traverser le hameau à droite, se diriger vers le cap, puis suivre le sentier du littoral qui longe la dune et de nombreuses criques avant d'arriver à **Barfleur**.

▶ Au fond du port, jonction avec le GR® de Pays Tour du Val de Saire *(voir pages 106 et 107).*

Barfleur. *Photo M.-F. Hélaers.*

De Barfleur au phare de Gatteville

`4 km` `1 h`

Barfleur : petit port de pêche et de plaisance très pittoresque avec ses maisons de granit couvertes de schiste et son église massive qui s'alignent le long du quai dont la courbe épouse le rivage. Ce port connut une très grande activité maritime dès l'arrivée des Normands au 9e siècle. Il fut ensuite associé aux gloires de la conquête de l'Angleterre. On y a construit le Mora, drakkar à bord duquel le duc de Normandie s'embarqua, en 1066, pour devenir roi d'Angleterre. En 1120, eut lieu au large, sur les rochers de Quilleubef, le naufrage de la Blanche Nef, au cours duquel périt le fil d'Henri Ier Beauclerc, duc de Normandie et roi d'Angleterre. L'espoir d'une dynastie normande en Angleterre était anéanti (un médaillon de bronze commémoratif est scellé sur un rocher, à l'entrée du port).

30 Longer les quais de **Barfleur**, contourner l'église côté mer en passant sur un muret *(par mauvais temps, il est recommandé de passer de l'autre côté)* et poursuivre par le sentier littoral. Au moulin *(15e)* de Crabec *(qui sert d'amer aux marins ; camping)*, partir à droite et gagner la pointe de Barfleur, où se dresse le **phare de Gatteville**.

Du phare de Gatteville à la D 226

Construit de 1829 à 1835, le phare de Gatteville est constitué d'une colonne de granit haute de 71 mètres. Un escalier de 365 marches, éclairé par 52 fenêtres, donne accès à la lanterne dont la portée moyenne est de 54 kilomètres. Accueil et visite possible par la DDE.

31 Laisser le phare de Gatteville à droite, poursuivre par la **D 10**, faire à droite le tour de la pointe, puis contourner le havre de Roubary.
Au 19e siècle, une grande animation régnait dans ce petit port dont les carrières voisines (sable et pierre) ont été utilisées pour la construction du port du Havre. Remarquer sur la gauche d'anciennes carrières, site d'un élevage d'huîtres.

Le sentier continue entre la mer et l'étang de Gattemare *(réserve ornithologique)*.

La côte nord-est du Cotentin, plate, est souvent bordée de marais dont certains servaient au rouissage du lin. On y récoltait des roseaux pour couvrir les maisons. Les chemins en bordure de mer sont très souvent érodés par les tempêtes d'hiver. C'est une côte inhospitalière pour les marins, située entre les raz de Barfleur et du Cap Lévi, où les courants sont très violents près de la terre. A l'abri de petites pointes, les mouillages de barques de pêche et de plaisance sont fréquentés durant la bonne saison. Quelques balises et tourelles servent de repères (amer) pour la navigation.

32 A la pointe Néville *(où furent bâtis plusieurs bunkers en 1942-44)*, poursuivre par le sentier entre la dune basse et le marais, afin d'être à l'abri du vent marin *(respecter la dune qui est fragile)*, puis dépasser le chemin de Néville-sur-Mer et atteindre une intersection.

▶ Possibilité de gagner la fontaine Saint-Benoît, à 5 min, par le sentier à gauche. Aménagée en 1897, ses eaux passent pour posséder une vertu guérissant les maladies de peau. La grotte fut bâtie avec les vestiges d'un ancien prieuré 12e.

33 Continuer sur 300 m, passer un fortin en ruine et déboucher sur la **D 226**.

De la D 226 à la D 26 (plage du Vicq) — 4 km — 1 h

34 Laisser la **D 226** à gauche et continuer tout droit.

▶ Tout le long de la côte, le GR® croise de nombreuses routes d'accès à la mer. Elle permettent d'atteindre les villages construits en retrait, à l'intérieur des terres.

35 Négliger la D 316 à gauche, passer Le Hable (havre) et arriver sur la **D 26 (plage du Vicq)**.

▶ Possibilité de gagner le menhir de la Pierre Plantée *(3 m de haut)* par la D 26 vers le sud, à 1 km, face au Grand-Manoir.

> **Hors GR® pour Cosqueville** — 1 km — 15 mn
> A Cosqueville :
> Voir tracé sur la carte

De la D 26 (plage du Vicq) au Castel de la Mondrée — 4 km — 1 h

36 A la **plage du Vicq**, traverser la **D 26**, passer la mare Jourdan *(camping)*, la pointe de la Loge et arriver à l'ancien fort Joret, de Fermanville, en ruines.

37 Poursuivre, passer près d'un monument *(érigé à la mémoire de l'équipage du sous-marin le Prométhée qui sombra au cours d'essais, le 7 juillet 1932)*, laisser les maisons de Fréval *(camping)* à gauche, puis longer la plage de la Mondrée. Atteindre le lieu-dit **Castel de la Mondrée**.

▶ Jonction avec le GR® de Pays Tour du Val de Saire *(voir pages 102 et 103)*.

> **Hors GR® pour Fermanville** — 1 km — 15 mn
> A Fermanville :
> Emprunter la route à gauche.

Fermanville. *Photo F. Cappelle.*

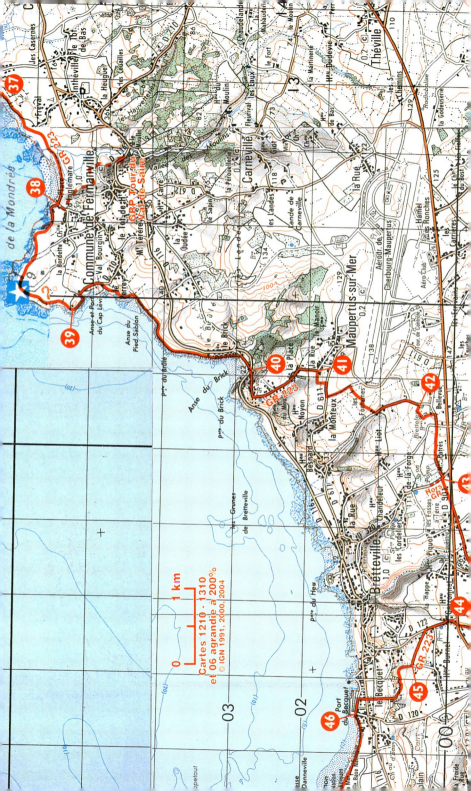

Du Castel de la Mondrée au Cap Lévi `2 km` `30 mn`

Au fort du Cap Lévi :

A l'extrémité ouest de la plage de la Mondrée, devant le cap Lévi, un habitat préhistorique du paléolithique a été découvert par 18 mètres de fond (gisement unique en France). A l'extrémité est, au pied de la stèle de granit, les vestiges d'une barque du 7e siècle furent mis à jour par la mer.

38 Au **Castel de la Mondrée**, emprunter la servitude piétonnière du littoral qui passe le long de propriétés privées. Contourner le cap Lévi *(sur lequel se dresse un phare reconstruit en 1952)*, puis arriver au fort du **Cap Lévi** (ou fort Amiot).

Du cap Lévi à l'anse du Brick `3 km` `45 mn`

A l'anse du Brick :

39 Au fort du **Cap Lévi**, continuer par le sentier littoral, puis descendre au port du cap Lévi *(dont l'origine remonte à l'époque romaine)*. Quitter la D 210 à droite après le pont, longer l'anse du Pied-Sablon, puis la pointe du Brûlé et parvenir à un carrefour, au fond de l'**anse du Brick**.

De l'anse du Brick à la Bonne Vierge Simonet `7 km` `2 h`

40 Couper la D 116 pour quitter l'**anse du Brick** et monter par la route en face *(panorama sur la côte nord du Cotentin ; on distingue les rades artificielles du port de Cherbourg avec leurs passes ; par temps clair, la vue s'étend jusqu'à la côte de la Hague)*. Traverser le hameau de La Place et continuer jusqu'à celui de La Rue.

41 S'engager sur le chemin à droite, tourner à gauche, emprunter la D 611 à droite sur 200 m, puis le chemin empierré à gauche. Il descend vers Les Fontaines *(lavoir et oratoire)*. Monter par la petite route à gauche, passer une Vierge et continuer sur 250 m.

42 Bifurquer à droite dans un large chemin humide en direction de Brettefey, puis suivre la route à droite. Au carrefour, continuer par le chemin en face puis à Maison-Patres, emprunter la D 320 à droite sur 50 m.

▶ Possibilité de voir une allée couverte, à 400 m, par la D 320 à droite.

43 Prendre le chemin à gauche, vers l'ouest. Couper la D 901 puis la D 122 et parvenir au carrefour, près de l'oratoire de la **Bonne-Vierge-Simonet**.

▶ Départ à gauche du GR® 223A, variante sud de la traversée de Cherbourg, appelée *Les Balcons de Cherbourg (voir pages 110 et 111)*.

Dessin J.Bazin.

De la Bonne-Vierge-Simonet au port du Becquet

Au port du Becquet :

44 A l'oratoire de la **Bonne-Vierge-Simonet**, tourner à droite, couper la D 901 et continuer par la D 122 pour traverser le hameau Garçonnet. Emprunter la deuxième route à gauche vers La Prée.

45 Continuer par le sentier. Il descend à droite à travers la falaise boisée *(bien suivre le balisage)* et se prolonge par une large voie le long d'un lotissement. Couper la D 116, aboutir au **port du Becquet** et tourner à gauche.

Du port du Becquet à Cherbourg-Octeville

A Cherbourg :

46 Au **port du Becquet**, se diriger vers l'ouest, passer les viviers en bord de mer, puis longer la zone de loisirs *(camping)* bordée par la plage Colligon. Poursuivre entre le bâtiment blanc d'Intechemer et le bout de la digue de l'Est *(l'un des éléments de protection de la rade de Cherbourg)*. Laisser à gauche le musée maritime Chantereyne pour emprunter le boulevard des Flamands.

47 Continuer tout droit le long de la piste cyclable. Au rond-point, emprunter le boulevard Maritime à gauche, et continuer par le boulevard Félix-Amiot, le long de la zone portuaire et de la nouvelle gare maritime. Laisser à gauche les Constructions Mécaniques de Normandie, puis la Chambre de Commerce.

Descente vers le Becquet. *Photo M.-F. Hélaers.*

48 Au rond-point de Minerve, s'engager à droite sur le chemin engazonné *(emprise d'une ancienne voie ferrée)* pour atteindre la Cité de la Mer *(située dans l'ancienne gare maritime)* et aller au bout de la jetée *(point de vue sur les rades et le sous-marin Le Redoutable)*.

49 Revenir par le quai le long de l'avant-port, puis franchir le pont tournant de **Cherbourg-Octeville**.

▶ Arrivée du GR® de Pays Tour de la Hague *(voir pages 114 et 115)*.

▶ Les gares routières et SNCF se trouvent au sud du port.

Cherbourg, la Cité de la Mer

L'immense bâtiment Art déco de la Gare maritime Transatlantique, conçue par l'architecte Levavasseur, est devenu depuis 2002 la Cité de la Mer. Cette gare, inaugurée par le Président Lebrun en 1933, est le dernier plus grand vestige européen de l'architecture maritime de l'entre-deux-guerres.

Détruite significativement par l'armée allemande en juin 1944, elle est réouverte en 1952 et voit passer en une quinzaine d'années le gotha d'Hollywood et de la diplomatie internationale. Délaissée et abandonnée, elle ne renaît que grâce au projet ambitieux de la Cité de la Mer, complexe scientifique, culturel et touristique, consacré à l'aventure humaine sous la mer et inauguré en 2002.

Les innombrables visiteurs ont le choix entre deux pôles majeurs :
- le pôle océan avec le plus haut aquarium d'Europe (près de 4 000 poissons), un parcours de visite interactif, le Bathyscaphe Archimède…
- le pôle sous-marin, dont le fleuron est la visite du Redoutable, le plus grand sous-marin visitable au monde, associé à un espace scénographié déroulant avec émotion la vie d'un équipage à bord des sous marins…

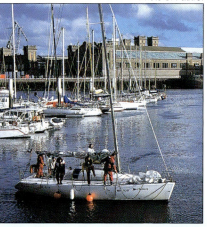

Port de Chantereyne et Cité de la Mer.
Photo S. Fautré.

Rade de Cherbourg. *Photo J. Menault/Ville de Cherbourg.*

Cherbourg et ses rades

Du haut des Rouges terres, de l'église de Querqueville, de la montagne du Roule ou du Fort de Digosville la vue est impressionnante sur la ville de Cherbourg, son port et ses rades. Saviez-vous que l'exposition internationale de Cherbourg accueillit près de 100 000 visiteurs en 1905, que c'est de Cherbourg que repartira l'aviateur Charles Lindbergh en 1927 pour les Etats-Unis, enfin que Cherbourg fut le premier port du monde entre juillet et octobre 1944 avec un trafic double du port de New York ?

Cherbourg trouve sa puissance maritime grâce à Louis XVI et Napoléon, qui comprennent l'intérêt de la position stratégique de ce port au milieu de la Manche.

Après bien des atermoiements, la création de la rade artificielle de Cherbourg sera l'une des plus grandioses entreprises des XVIIIe et XIXe siècles.

En 1780, l'officier de marine La Bretonnière propose de fermer la rade par « un rempart jeté à pierres perdues » de près de 4 km sans attache avec la côte. Mais, en 1783, Alexandre Cessart, ingénieur des Ponts et Chaussées, imagine une digue formée de 90 cônes de bois tronqués et déposés en mer. Comme les tempêtes détruisent les cônes, il faut revenir aux « pierres perdues ».

En 1789, le soubassement de la digue est achevé : 12 m de profondeur, 100 m de largeur à la base, sur une longueur de 3 700 m.

Interrompu durant la Révolution, le chantier reprend en 1802 grâce à Napoléon. Il ordonne en 1803 la construction d'un port de guerre et d'un arsenal (premier bassin en 1813). La digue centrale est terminée en 1853. Les trois forts sur la digue sont achevés en 1860, la rade est fermée par les jetées de Querqueville et de l'île Pelée.

Cherbourg et ses rades constituent un plan d'eau de 1 500 hectares accessible à toute heure aux voiliers comme aux paquebots.

De **Cherbourg-Octeville** à **Querqueville**   7 km   1 h 45

Cherbourg : port militaire créé par Vauban et ancienne escale transatlantique. Liaisons maritimes avec la Grande Bretagne et les îles Anglo-Normandes. Basilique de la Trinité 14e-15e, vestiges de l'abbaye du Vœu 12e, Cité de la Mer, fort du Roule (musée de la Libération), musée d'art Thomas-Henry et nombreux parcs exotiques.

A Querqueville :

50 Sur la rive ouest du pont tournant de **Cherbourg-Octeville**, longer le quai Alexandre III vers le nord, tourner à droite en direction de l'école de voile, puis suivre l'allée à gauche de l'école de voile et aller vers le port. Après le port Chantereyne, partir légèrement à gauche pour passer derrière la piscine et prendre le trottoir de l'avenue de Cessart.

51 Poursuivre par la rue de l'Abbaye *(auberge de jeunesse à gauche)*. Après le centre de secours et d'incendie, continuer vers l'entrée de l'arsenal. Traverser le parking en diagonale, puis passer au pied des anciennes fortifications *(à gauche, parties restaurées de l'abbaye du Vœu 12e)* et parcourir le trottoir en bordure de la piste cyclable qui conduit à la plage de la Saline. Longer la mer sur 1 km, puis virer à gauche et emprunter le trottoir de la D 45 jusqu'au carrefour marqué par un feu, au bas de **Querqueville**.

▶ Arrivée à gauche de la variante GR® 223A Les balcons de Cherbourg *(voir pages 112 et 113)*.

De **Querqueville** à **la plage d'Urville-Nacqueville**   4 km   1 h

A Urville-Nacqueville :

52 Au carrefour, au pied de **Querqueville**, tourner à droite, contourner les clôtures du Centre d'Instruction Naval de la Marine et arriver au camping (privé) de la Marine Nationale. Longer le bord de mer vers la gauche puis, à La Rue-du-Nez, continuer par la rue en bord de mer. Passer le camping et l'ancien fort, puis traverser tout droit le quartier de la **plage d'Urville-Nacqueville**.

Abbaye de la Trinité. *Photo M.-F. Hélaers.*

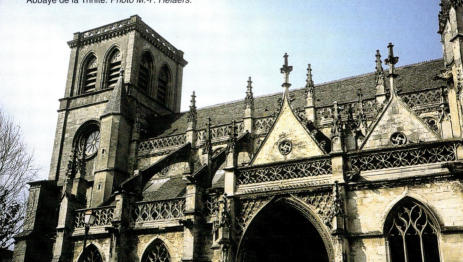

De la plage d'Urville-Nacqueville à Landemer `1,5 km` `25 mn`

A Landemer :

53 Laisser la plage d'**Urville-Nacqueville** et poursuivre par la petite rue parallèle à la mer. Continuer par le sentier tantôt sur la crête des dunes, tantôt en bordure des champs attaqués par l'érosion marine *(blockhaus du Mur de l'Atlantique maintenant basculés sur le rivage)* et déboucher dans **Landemer**.

> **Hors GR®** pour **Le Hameau-aux-Fèvres** `1,5 km` `20 mn`
> *Au Hameau-aux-Fèvres (Gréville-Hague) :*
> Emprunter la D 45 à droite, puis remonter le vallon de la Hubilane jusqu'au Hameau-aux-Fèvres.

De Landemer au port d'Omonville-la-Rogue `7 km` `2 h 30`

A Omonville-la-Rogue :

54 Prendre à droite la petite route qui traverse **Landemer**, puis s'engager sur le chemin de terre qui monte jusqu'à un parking *(point de vue sur la mer du Cap Lévi à l'est jusqu'au port d'Omonville à l'ouest)*. Poursuivre par le sentier littoral qui serpente dans les falaises de la côte nord de la Hague, passer le rocher du Castel Vendon et arriver à une intersection.

▶ Possibilité de monter par le sentier à gauche dans le hameau Gruchy *(20 min aller-retour)*. Lieu de naissance du peintre Jean-François Millet dont la maison natale a été transformée en musée.

55 Continuer par le sentier littoral, passer près du mur blanc qui sert d'amer *(repère pour les navigateurs)*, franchir un ruisseau et atteindre le parking de la Baie de Quervière, au bout de la D 402.

56 Traverser la route, passer près des ruines de la ferme La Cotentine, gravir un raidillon *(panorama sur Cherbourg jusqu'au cap de Fermanville)*, puis continuer à droite par le sentier littoral. Gagner un ancien fort *(curieuse "muraille de Chine")*, descendre de la falaise, puis longer le **port d'Omonville-la-Rogue**.

D'Omonville-la-Rogue au havre de Plainvic `5 km` `1 h 15`

57 Laisser à gauche la route qui mène au centre d'**Omonville-la-Rogue**, emprunter la digue de galets qui borde le parking du port, puis suivre le rivage au plus près pour arriver au pied de l'ancien sémaphore de la pointe de Jardeheu. Le sentier littoral continue le long de criques rocheuses, puis atteint le fond de l'anse Saint-Martin, à l'extrémité du **havre de Plainvic**.

> **Hors GR®** pour **Omonville-la-Petite** `1,5 km` `20 mn`
> *A Omonville-la-Petite :*
> Prendre la route au sud.

Du sentier des douaniers à la servitude de passage des piétons sur le littoral

Hier...

De tout temps, on a cheminé le long du littoral. Les sentiers des douaniers ont été mis en place par l'administration des douanes, dès sa création en 1791, afin d'assurer, grâce à un droit de libre parcours, la surveillance des côtes. Le sentier se trouva bientôt jalonné de nombreux abris, casernes et ouvrages plus modestes : escaliers, dispositifs de franchissement. Les cabanes, abris improvisés, servaient de refuges contre les intempéries et au repos entre deux marches. La surveillance du littoral, effectuée à partir du sentier, devait permettre aux douaniers d'assurer leurs missions : faire échec à la contrebande, assurer la protection du territoire, signaler les événements de mer, participer à la protection de l'ordre public en s'opposant aux embarquements clandestins de personnes recherchées, ou arrêter des individus suspects et saisir des écrits prohibés débarqués en fraude.

Utilisés pendant un siècle et demi, les sentiers des douaniers tombèrent peu à peu en désuétude en raison de l'évolution des techniques de transport des marchandises et de détection des fraudes. La croissance de la végétation, l'érosion par la mer, l'urbanisation et l'égoïsme des hommes effacèrent au fil des ans l'ancien passage.

Douanier en tenue AMB *(dessin DDE de la Manche)* et guérite sur le sentier douanier *(photo DDE50)*.

Aujourd'hui …
La loi N° 76-1285 du 31 décembre 1976 instituant sur l'ensemble du rivage français une servitude de passage permet de réintroduire le droit de libre parcours en bord de mer, mais cette fois à l'usage de tous. « Les propriétés privées riveraines du domaine public maritime sont grevées sur une bande de trois mètres de largeur, d'une servitude de passage destinée à *assurer exclusivement le passage des piétons* » (articles L 160-6 à L 160-8 et R 160-8 à R 160-33 du code de l'Urbanisme). Dans de nombreux cas, le tracé de cette servitude doit être légèrement éloigné du rivage afin de tenir compte des caractéristiques du site (dunes fragiles, falaises…). Lorsqu'il y a modification du tracé, l'aménagement du sentier n'intervient qu'après enquête publique et approbation du tracé par arrêté préfectoral.

La mise en œuvre de cette servitude est assurée par les directions départementales de l'Equipement. La procédure et les travaux sont menés en concertation avec les élus locaux, les propriétaires concernés et les associations de randonnée. Les aménagements sont complétés par un balisage pour orienter les piétons et par une signalisation qui indique aux promeneurs les destinations, la distance à parcourir et le temps de parcours.

Les collectivités locales participent de

Balisage du Sentier du littoral.
Photo M. Coupard/CDT Manche.

plus en plus aux travaux d'aménagement du sentier et prennent en charge son entretien. L'ouverture de ces sentiers a été accueillie très favorablement par le public car elle a permis au plus grand nombre d'accéder à des espaces littoraux autrefois inaccessibles. Le sentier littoral est un instrument de valorisation, non seulement du patrimoine maritime, mais aussi des espaces naturels qu'il rend accessibles et dont on mesure mieux ainsi l'intérêt de leur protection.

Aujourd'hui, dans le département de la Manche, sur un linéaire côtier de 438 km, plus de 300 km de sentiers ont déjà été aménagés et ouverts au public. Contact : DDE 50, voir page 19.

Du havre de Plainvic à Goury   8 km   2 h

A Goury : ☕ 🍴 ℹ️

58 Après le **havre de Plainvic** le long du littoral, continuer. Au bout de la plage, monter l'escalier, puis suivre la D 45 à droite. S'engager à droite sur le sentier qui fait le tour de la pointe du Nez, puis prendre la D 45 à droite et passer Port Racine *(plus petit port de France)*.

59 S'engager sur le chemin à droite. Poursuivre par le sentier du littoral, longer le fort. Passer la Roche Gélétan *(site renfermant des traces d'habitat vieux de 200 000 ans)*. Franchir plusieurs murets, puis emprunter la route à droite. Après le sémaphore et le blockhaus *(au large, phare du Cap-de-la-Hague)*, parcourir le cordon de galets et atteindre le port de **Goury**.

De Goury au Nez de Voidries   5 km   1 h 30

Goury est célèbre pour ses nombreux sauvetages en mer. Croix de granit dédié au sous-marin le Vendémiaire englouti avec tout son équipage en 1912 lors de manœuvres.

60 A **Goury**, poursuivre par la rue qui contourne le port et gagner un croisement.

Hors GR® pour **Auderville**   1 km   15 mn
A Auderville : 🏨 🛏️ 🍴 ☕
Continuer tout droit et monter à Auderville. Point de vue sur le cap de la Hague.

61 Prendre à droite le chemin entre les murets. Aller tout droit dans le hameau « La Roche » et continuer par un large chemin. Après deux maisons isolées, il se rétrécit, serpente dans la falaise et débouche dans la Baie d'Ecalgrain. A la D 401, s'engager à droite sur le sentier qui évite la route, traverser le parking en contrebas, puis franchir le petit pont sur le ruisseau. Grimper le raidillon dans le champ et poursuivre par le chemin empierré à droite. Laisser le chemin à gauche, puis enjamber le ruisseau des Vaux au-dessus de l'anse de Culeron et grimper par le chemin au bord de la falaise jusqu'à l'ancien sémaphore *(café-restaurant en saison)* du **Nez de Voidries**.

Du Nez de Voidries à l'anse des Moulinets   5 km   1 h 30

Vue sur le nez de Jobourg (classé réserve ornithologique), par temps clair, sur les îles Anglo-Normandes d'Aurigny, Sercq, Jersey et Guernesey.

▶ A partir de cet endroit et jusqu'à Herquemoulin, le sentier zigzague dans la falaise : ne pas glisser par temps humide et se méfier des vents violents soufflant de la mer. Ne jamais descendre sur les plages et quitter les sentiers balisés, car cela est interdit et très dangereux.

62 Au **Nez de Voidries**, descendre par le sentier qui traverse la falaise *(passage exposé)* et atteindre le Nez de Jobourg *(réserve ornithologique)*. Continuer par le sentier en montagnes russes *(bien suivre le balisage)* et arriver dans l'**anse des Moulinets**.

De l'anse des Moulinets à Herquemoulin   3 km   1 h 15

63 Franchir l'**anse des Moulinets**, gravir l'escalier et poursuivre au-dessus de la baie des Fontenelles. Descendre par la D 403 à droite jusqu'au parking d'**Herquemoulin**.

D'Herquemoulin à Vauville   4 km   1 h

A Vauville :

64 A **Herquemoulin**, prendre le chemin de terre en face. Au Petit-Beaumont, emprunter la route à droite, puis descendre à droite. Poursuivre par la route à droite, passer dans un champ et arriver à La Grecque.

65 Tourner à droite, gravir l'escalier qui accède aux champs, puis suivre le sentier du littoral. Passer un petit fortin *(vestige de la défense du littoral de la Guerre de Sept Ans, au 18e siècle)* et arriver au parking de la plage de Vauville. Prendre la route à gauche, puis la D 237 à gauche et atteindre le centre de **Vauville**.

De Vauville à Biville   5 km   1 h 30

A Biville :

Vauville : prieuré et église 12e-15e, château et jardin botanique, mare de Vauville (réserve ornithologique).

66 Traverser la D 318, passer la mairie de **Vauville** en bordure du ruisseau et tourner à droite. Poursuivre tout droit par la D 318. A la sortie du village, prendre à droite sur le chemin qui gravit la colline. Passer la fontaine du Bienheureux Thomas Hélye

67 Au sommet, descendre par le chemin à droite, gagner le Petit Thôt. Prendre la D 237 à gauche. Au croisement, quitter la D 237, laisser la route du Grand-Thôt à droite et continuer tout droit par le chemin empierré qui entre dans le massif dunaire *(la hauteur des dunes atteint parfois plus de 100 m ; la dune, milieu très fragile, vit par ses plantes, ses fleurs et ses insectes).*

▶ Respecter ce milieu naturel fragile. Ne pas camper et ne pas allumer de feux.

Traverser une ancienne carrière, s'engager sur le petit chemin sinueux, franchir le ruisseau, puis prendre le sentier le plus à gauche. Il longe le ruisseau, puis escalade une dune très abrupte et atteint le calvaire des Dunes *(le sentier s'élève de 25 m d'altitude au niveau du pont jusqu'à 114 m, au calvaire des Dunes).* Ignorer le large chemin de Biville à gauche, emprunter le petit chemin près du calvaire en surplomb du massif dunaire et arriver à l'entrée de **Biville**.

De Biville au pont Langlois   5 km   1 h 30

L'église de Biville (chœur 13e) renferme les reliques du Bienheureux Thomas Hélye (né à Biville entre 1180 et 1185, missionnaire diocésain, mort en 1257 au château de Vauville et thaumaturge du Cotentin).

68 Ne pas entrer dans **Biville**, mais prendre la route à droite. Dans le virage, continuer tout droit par le chemin empierré qui descend dans un vallon.

69 Avant le ruisseau, s'engager sur le premier chemin à droite, en angle aigu. Très humide, il longe la vallée jusqu'au Val-ès-Cochard. Emprunter le large chemin à droite. Au Pont-des-Sablons, continuer par le chemin dans la vallée, puis quitter la route pour suivre le chemin toujours dans la vallée et déboucher sur la D 64, au **pont Langlois**.

Du pont Langlois à Siouville

A Siouville :

70 Franchir le **pont Langlois** à droite, puis prendre à gauche la petite route. Elle se prolonge en un chemin encaissé qui monte sur la colline. Tourner à gauche puis à droite. Au Hameau-ès-Francs, suivre la route à gauche sur quelques mètres, puis partir à droite. Bifurquer à droite, couper la D 64 à La Viesville et continuer par le chemin qui monte. Emprunter la D 64 à droite et parvenir à l'église de **Siouville**.

De Siouville à Diélette

A Diélette :

71 Au calvaire de **Siouville**, descendre à droite. Prendre la route à gauche et, au carrefour, descendre à droite. Bifurquer sur la route à gauche, puis continuer par le sentier littoral. Il passe en surplomb de la plage du Platé, puis arrive au port de **Diélette**. Contourner le port de plaisance par la route.

De Diélette à Flamanville

A Flamanville :

72 Bifurquer à gauche sur la route qui surplombe le port de **Diélette**. Continuer tout droit, passer derrière l'hôtel de la Falaise, puis s'engager à gauche sur le chemin qui gravit la falaise. Laisser le Hameau-Blondel à gauche et déboucher sur une route *(centrale nucléaire de Flamanville construite sur le site de l'ancienne mine de fer de Diélette ; le vieux bâtiment abritait l'ancienne cantine et les bureaux de la mine)*. Monter par la route à gauche, puis suivre le chemin herbeux à droite. Prendre la route à gauche et gagner La Botterie *(maison de granit 18e)*.

73 Emprunter la route à droite, traverser le Hameau-ès-Louis, puis tourner deux fois à droite pour passer les vieux hameaux flamanvillais du Courtois et de La Coquaise. Arriver au carrefour du hameau Moitié, **à Flamanville**.

▶ Accès au centre de Flamanville par la route à gauche. Eglise 1670, monument Leclerc, parc du château (communal) avec constructions en granit gris 17e-18e et pièces d'eau.

De Flamanville à Sciotot

A Sciotot :

74 Laisser **Flamanville** à gauche, descendre à droite vers l'anse de Quédoy et retrouver le sentier du littoral au pied de la clôture de la centrale. Le sentier s'élève sur la falaise. Laisser le chemin qui vient du château pour longer le mur à gauche et atteindre l'ancien sémaphore *(gîte d'étape et hôtel-restaurant ; menhir)*.

75 Dans le virage, s'engager à droite sur le sentier qui descend en forte pente dans la falaise. Emprunter le chemin plus large à gauche, puis le chemin empierré à droite. Continuer par le chemin à droite et, plus bas, utiliser le sentier à gauche de l'aire de pique-nique. Il serpente à flanc de falaise. Traverser la carrière, suivre la D 517 à droite sur 200 m, puis la route à droite. Suivre le sentier qui longe le littoral et mène à **Sciotot**.

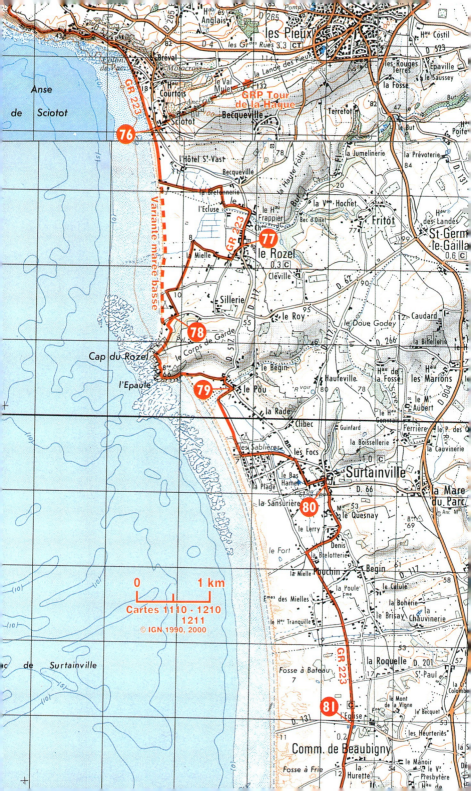

▶ Départ du GR® de Pays de la Hague *(voir page 114 et 115).*

Par GR® de Pays pour **Les Pieux** `3 km` `45 mn`

Aux Pieux :

Traverser Sciotot à gauche et monter sur le plateau *(voir pages 114 et 115).*

De Sciotot au Rozel `2,5 km` `40 mn`

Au Rozel :

▶ A marée basse, possibilité de parcourir la plage de Sciotot, jusqu'à la D 62 après le camping du Ranch *(voir tracé en tirets sur la carte).*

76 A **Sciotot**, suivre le sentier littoral jusqu'au camping du Grand Large. Prendre à gauche la route le long du camping, puis s'engager à droite sur le chemin creux. A L'Ecluse, ne pas traverser le ruisseau, mais prendre la route à gauche, puis la D 517 à droite et passer le château du **Rozel**.

Du Rozel à Surtainville `6 km` `2 h`

A Surtainville :

77 Après l'église du **Rozel**, bifurquer à droite dans la rue qui mène à la plage, puis suivre la petite rue à droite. Au bout, ne pas franchir le pont qui enjambe le ruisseau du But, mais prendre le chemin empierré à gauche dans les champs. Emprunter la route à droite, puis longer à gauche le camping du Ranch et tourner à droite vers la mer.

78 S'engager à gauche sur le sentier qui gravit le cap du Rozel et atteindre la statue de la Vierge des Marins. En contrebas, prendre le sentier à gauche. Il surplombe la mer, puis descend sur la plage à l'extrémité du plateau rocheux. Continuer par le chemin de Trompe-Souris. Emprunter la D 517 à droite sur 100 m.

79 Prendre à droite le chemin empierré qui s'enfonce dans les dunes. Au pied des dunes, suivre le chemin à gauche. Il passe derrière le camping et les gîtes de mer. Emprunter une rue à gauche. Au carrefour de cinq routes, tourner à droite, puis virer à gauche et gagner **Surtainville**.

De Surtainville à Beaubigny `4 km` `1 h`

A Beaubigny :

80 Passer l'église de Surtainville et continuer par la D 117 au sud. A la Croix des Fritz, tourner à droite puis, au carrefour, emprunter la petite route à gauche. Rectiligne, elle mène, au milieu des mielles, à la D 131, au centre de **Beaubigny**, non loin de l'église.

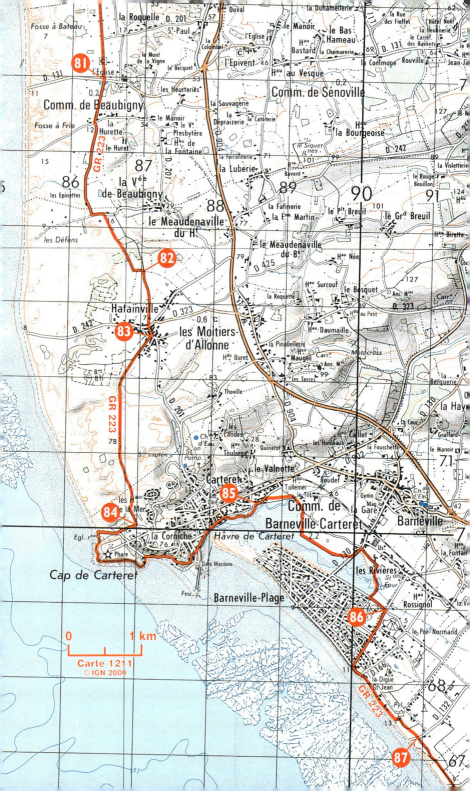

De Beaubigny à Hattainville 4 km 1 h

81 Laisser **Beaubigny** à gauche, couper la D 131 et poursuivre par la route rectiligne. Au carrefour en T, prendre la route à gauche sur 100 m, puis le chemin à droite et monter sur le plateau *(point de vue au nord jusqu'au cap de Flamanville)*. Traverser un petit bois, puis emprunter le chemin à gauche.

82 S'engager sur le chemin à droite et entrer dans le hameau d'**Hattainville** (commune des Moitiers d'Allonne).

D'Hattainville à Barneville-Carteret 6 km 1 h 45

A Barneville-Carteret :

83 A **Hattainville**, prendre la deuxième rue à droite. Au lavoir, poursuivre par le chemin sablonneux qui entre tout droit dans le massif dunaire et traverse des pâtures.

▶ Bien suivre tout droit le balisage marqué sur des rondins plantés dans le sable. Ne pas oublier de refermer les portillons et se méfier des clôtures électriques sous tension (pas de risques d'électrocution mais décharges électriques désagréables).

84 Descendre par la route à droite vers la plage, puis s'engager sur le sentier à gauche. Il passe près des ruines de la Vieille église, puis traverse la falaise du cap de Carteret *(passage exposé : prudence)* et débouche sur la route de la Corniche *(vues sur l'île anglo-normande de Jersey et le havre de Barneville)*. La suivre à droite, puis descendre au port de **Barneville-Carteret**. Laisser la gare maritime à droite, longer les quais à droite jusqu'au port de plaisance.

De Barneville-Carteret à Portbail 11 km 3 h

A Portbail :

85 Au bout du port de **Barneville-Carteret** prendre l'escalier à gauche puis un second qui retrouve le chemin empierré à droite et franchir la Gerfleur sur le petit pont. Laisser à gauche le village du Tôt, poursuivre tout droit par le chemin en longeant les herbus en bordure du havre. Prendre le chemin à droite, puis la route à gauche. Tourner sur la première route à droite.

86 Au carrefour, emprunter la route à droite. Elle passe entre les terrains de camping et conduit au bord de mer. Prendre à gauche le sentier du littoral, le long du cordon dunaire. Traverser la D 132.

Cap de Carteret. Photo M. - F. Hélaers.

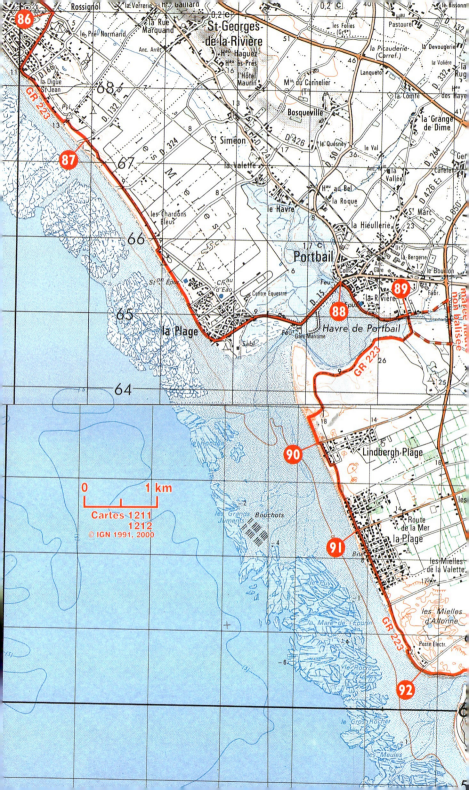

🟥 **87** Continuer et couper la D 324. Le sentier continue sur un chemin au pied des dunes. Suivre l'enrochement qui protège le quartier de la Plage, emprunter le boulevard Maritime, longer le port, puis traverser le havre de Portbail par le vieux pont aux treize arches et arriver au pied de l'église de **Portbail**.

De **Portbail** à **Denneville-Plage** 5 km 1 h 15

A Denneville-Plage :

Portbail. *Photo S. Fautré.*

Portbail : église Notre-Dame, vieux sanctuaire roman 11e-12e dominé par une tour fortifiée du 15e. Des travaux de terrassement ont mis à jour, en 1956, les vestiges d'un baptistère gallo-romain (près du collège).

🟥 **88** Juste après le pont, prendre à droite la rue qui longe le havre de **Portbail** et poursuivre par le chemin jusqu'à une passerelle en béton.

▶ Pendant la marée montante, lors des grandes marées, ne pas utiliser cette passerelle, mais continuer jusqu'au pont de la D 650 *(voir tracé en tirets sur la carte)* pour franchir le Gris.

🟥 **89** Emprunter la passerelle à droite, puis s'engager sur le chemin herbeux à droite qui devient une piste parfaitement tracée dans les oyats en contrebas de la crête dunaire. Elle contourne le massif et mène à l'extrémité de la D 72E, à Lindberg-Plage.

Cette station balnéaire doit son nom au survol de ce territoire, par le célèbre aviateur, lors de sa traversée New-York - Paris en 1927.

🟥 **90** Prendre l'avenue Guynemer, la rue Coli, puis la petite sente à droite (sud). Poursuivre par les rues C.-H.-Lefèbvre et A.-Pelca qui aboutissent à **Denneville-Plage**.

De **Denneville-Plage** à **Surville**

🟥 **91** Laisser la route de la Mer, de **Denneville-Plage**, à gauche et continuer tout droit par la rue parallèle au front de mer. Il devient un chemin empierré. Traverser la D 327, poursuivre par le sentier du littoral en contrebas de la dune et atteindre la petite route, près du poste électrique de la Mielle d'Allonne.

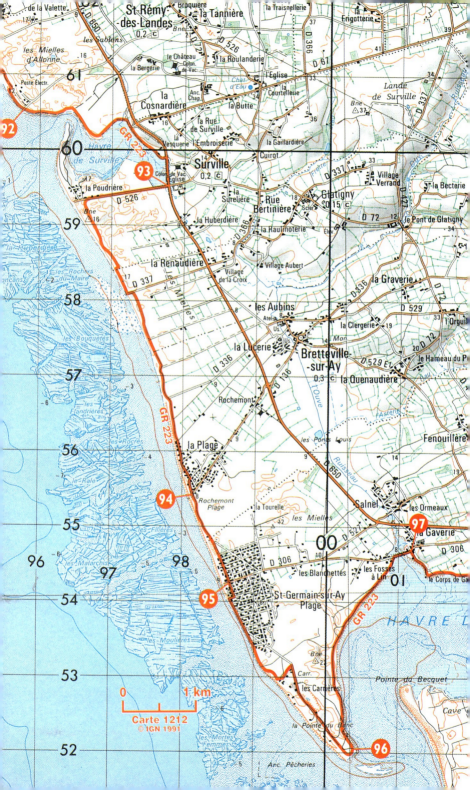

92 Prendre la petite route à droite sur quelques mètres, puis virer à gauche pour longer le havre de Surville. Passer à droite en bordure de la clôture vers le sud-est puis vers l'est. Franchir le petit pont de pierre muni de portes à flots, puis emprunter le chemin empierré à droite. Il se prolonge en chemin herbeux humide le long du havre. Parcourir la D 650 à droite *(prudence)* jusqu'à l'église de **Surville**.

De Surville à Bretteville-sur-Ay-Plage 6 km | 1 h 30

L'église de Surville, comme celle de Saint-Germain-sur-Ay ou Portbail, fait partie de ces églises du Cotentin dont les clochers ont été fortifiés lors de la guerre de Cent Ans (1346-1450). Ces trois églises se trouvent en fond de havres, lieux propices à des débarquements.

93 A **Surville**, emprunter la D 526 à droite vers la mer. Au parking de la plage, tourner à gauche en contrebas du massif dunaire et longer la clôture qui ramène de temps à autre vers la crête de la dune. Couper la D 337, poursuivre, puis utiliser la voie empierrée qui conduit à **Bretteville-sur-Ay-Plage**. Continuer par la rue du Rivage, puis partir à droite vers le bord de mer (aire de jeux).

De Bretteville-sur-Ay-Plage à Saint-Germain-sur-Ay-Plage 1,5 km | 20 mn

94 A **Bretteville-sur-Ay-Plage**, poursuivre à travers le massif dunaire et gagner **Saint-Germain-sur-Ay-Plage**.

De Saint-Germain-sur-Ay-Plage à Saint-Germain-sur-Ay 9 km | 2 h 15

95 Traverser **Saint-Germain-sur-Ay-Plage** par le boulevard de la Mer. Passer le centre d'hébergement Miramar, puis continuer dans le massif dunaire *(bien suivre le balisage)*. Avant les maisons des Carrières, tourner à gauche, prendre la route à droite et poursuivre en direction de la pointe du Banc.

96 Le sentier côtier longe le havre de Lessay. Emprunter la D 306 à droite, franchir le pont et arriver à l'entrée de La Gaverie.

Au bord du havre de Lessay.
Photo M.-F. Hélaers.

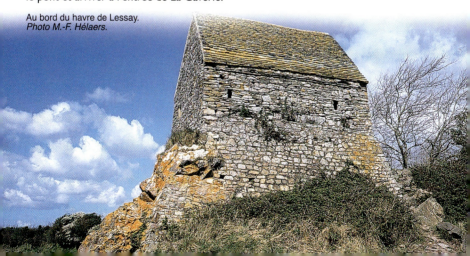

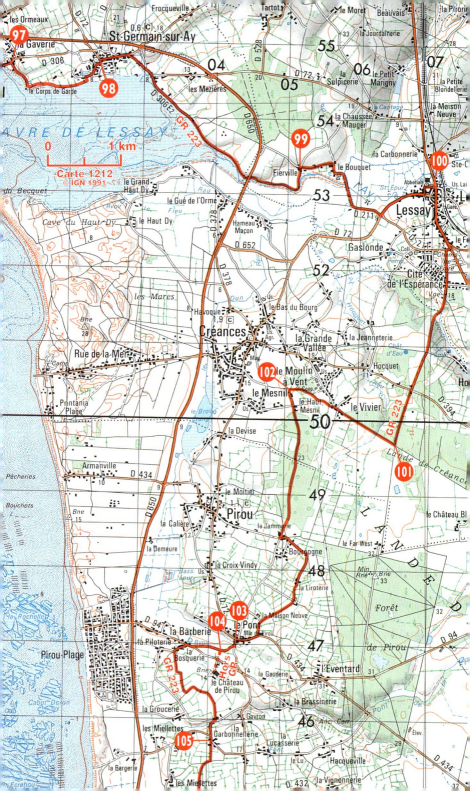

97 S'engager sur le chemin à droite. Passer le corps de garde *(chapelle)* et continuer par le chemin en bordure du havre de Lessay. Tourner à gauche pour entrer dans **Saint-Germain-sur-Ay**, suivre la rue à droite et parvenir à l'église.

De **Saint-Germain-sur-Ay** à **Lessay**   6 km   1 h 30

A Lessay :

98 Contourner l'église de **Saint-Germain-sur-Ay** par la droite, emprunter la D 306 à droite, puis la D 306E2 à droite et franchir le petit pont. A l'Yvonnie, se diriger vers les salines, puis continuer tout droit le long des herbus. Couper la D 650 et poursuivre par le sentier au bord de l'Ay jusqu'à Fierville.

99 Tourner à droite. Au Bouquet, virer à droite, franchir le petit pont qui enjambe l'Ay et continuer jusqu'à une maison isolée. Emprunter la route à gauche, puis longer la D 72 pour entrer dans **Lessay**. Se diriger à gauche pour passer au pied de l'abbatiale.

De **Lessay** à **Pirou-Pont**   9 km   2 h 15

A Pirou-Pont :

L'abbatiale de Lessay avec sa haute nef à sept travées a été adroitement restaurée après les dommages provoqués par les combats de 1944.

100 Après l'abbatiale de **Lessay**, traverser la place de Verdun, prendre la D 900 à droite, passer la poste et gagner le rond-point du Ferrage. Longer la piste cyclable, couper la D 211, continuer par l'allée du Champ-de-Foire puis par la route de Hotot sur 80 m. Poursuivre tout droit par le chemin. Il traverse la forêt. Croiser la D 394 et emprunter le sentier en face.

101 A la croisée des chemins, tourner à droite et gagner Le Vivier. Traverser le lotissement, prendre la rue Brunety à gauche et, au rond-point, virer à droite. Passer l'intersection et poursuivre sur 100 m.

102 Prendre la petite route à gauche, continuer en face par la rue de la Parponterie sur 100 m, puis s'engager sur le sentier légèrement à droite qui s'enfonce dans la forêt.
Le GR® parcourt les landes de Lessay évoquées par Barbey d'Aurévilly au début de son roman L'Ensorcelée.
Franchir une passerelle et gagner Bourgogne. Prendre la route à gauche, continuer par la route jusqu'à La Liroterie et poursuivre par le chemin. En face, aux Croûtes, tourner à gauche. A La Rapillerie, emprunter la D 434 à droite et arriver dans **Pirou-Pont**.

De **Pirou-Pont** à **La Petite-Maresquière**   5 km   1 h 15

A Pirou (hors GR à 2,5 km) :

103 A **Pirou-Pont**, franchir le pont, puis bifurquer à droite sur le chemin empierré.

▶ *Le chemin à gauche mène au château de Pirou. Le château de Pirou est une élégante forteresse de granit 12e entourée de douves (ouvert à la visite).*

104 Poursuivre. Prendre la D 94 à droite sur 50 m, puis la route de La Bosquerie à gauche. Dans le virage, s'engager sur le chemin le plus à gauche. Il zigzague et mène à La Prévellerie. Franchir le pont et continuer par la D 432 jusqu'à La Carbonellerie.

Des dunes à perte de vue

De la baie du Mont-Saint-Michel jusqu'au cap de Carteret défilent des cordons de dunes que seuls les havres ou quelques pointes rocheuses viennent interrompre. Ces quelque 100 km de côtes ou « Chaîne des havres » de la côte Ouest du Cotentin sont uniques en France. Les dunes de Dragey, le havre de la Vanlée, les dunes d'Annoville, la pointe d'Agon, le havre de Lessay, les dunes de Lindbergh… sont quelques-uns des espaces les plus remarquables de cette partie du littoral qu'il faut découvrir.

Le sable, élément essentiel du décor semble subir un remodelage permanent sous l'effet des facteurs naturels que sont le vent et la houle… La dune est, en fait, une formidable machine à remonter le temps, la mer et le vent abritant l'organisation des espèces végétales et animales en milieux originaux.

Sur la laisse de mer, où pousse la roquette de mer et où niche le gravelot à collier interrompu, petit oiseau se nourrissant de petits crustacés, se forme la dune embryonnaire. Cette dernière se transforme à son tour en dune vive, rempart naturel contre l'invasion de la mer et terrain de prédilection de l'oyat, plante pionnière qui colonise l'espace. En arrière, la dune se pare d'un tapis de végétation plus ou moins homogène, fait de petites graminées (fétuque rouge) ou de mousse (tortula), de lichens (clodonie des reines) ou de fleurs délicates. C'est aussi le domaine de prédilection du lapin de garenne ou de l'alouette des champs. Au-delà de la dune vive, dans les dépressions humides appelées pannes, l'eau douce qui s'accumule favorise l'installation du saule rampant des dunes, petit arbrisseau aux feuilles vert argenté, et d'un cortège de plantes plus ou moins rares : orchidées, carex, joncs. Un peu plus loin, la dune à fourrés voit l'apparition du troène commun, de l'ajonc d'Europe, et de l'iris fétide. Les fourrés denses abritent le renard roux et la grive musicienne. La dune boisée, stade ultime de l'évolution des massifs dunaires, se forme et se compose d'essences diverses telles que le prunellier, l'orme ou le chêne.

La foire millénaire de Lessay : la Sainte-Croix

A l'ombre de l'abbaye romane de Sainte-Trinité, la grande foire de Lessay, classée deuxième foire de France dans son genre, marque durant trois jours la fin de l'été au cœur du Cotentin. Sur 30 hectares de la « grand'lande », la foire accueille 350 000 visiteurs, entre 1 500 et 2 000 exposants, 28 rôtisseurs d'agneaux et 50 grilleurs sans compter les chevaux, vaches, chiens, chats et divers gallinacés. Au milieu de la fumée de l'allée des rôtisseurs, les tourneurs de gigots s'affairent autour du feu de bois. De leur côté, les déballeurs vantent leurs produits. La Sainte-Croix connaît chaque année un succès croissant, et la vitalité de cette vieille dame presque millénaire tient un peu du miracle. C'est sans doute pour cette raison qu'elle est devenue un symbole, à l'image d'un pays où se mêlent harmonieusement respect des traditions et goût de la modernité.

Cordon de dunes *(photo P. Lelièvre/CDT50)* et marché aux chevaux, foire de Lessay *(photo A. Kubacsi/CDT50)*.

05 A La Carbonnellerie, continuer tout droit par le chemin empierré. Après le virage à droite, bifurquer sur le chemin de gauche, puis emprunter la D 432 à droite sur 200 m. S'engager sur le chemin à gauche, franchir la passerelle qui enjambe le Douit, poursuivre sur 300 m et arriver à **La Petite-Maresquière** (Geffosses).

▶ Départ de la variante GR® 223B qui passe par l'intérieur des terres, visite Coutances *(gare SNCF)* et retrouve le GR® 223 au pont de la Roque *(voir tracé et descriptif pages 122 à 125)*.

De **La Petite-Maresquière** à **Anneville-sur-Mer**   `3,5 km` `50 mn`

06 A l'intersection, face aux dépendances de la ferme de **La Petite-Maresquière**, prendre le chemin à droite. Aux Maisons, emprunter la route à gauche et, dans le virage, partir à droite. Passer la barrière, continuer par le sentier à droite en passant devant les postes d'observation de la réserve, rejoindre le parking de la Morinière, traverser à gauche la D 650, prendre le chemin en face jusqu'à la dune élevée, obliquer à gauche, continuer les sentiers tracés dans les dunes pour rejoindre la D 650.

07 Obliquer à droite, longer la D 650 entre le rail de sécurité et le muret, puis reprendre le sentier au bord des dunes. Aux herbus, tourner à droite, passer en bord de mer et contourner la cale d'**Anneville-sur-Mer**.

D'**Anneville-sur-Mer** à **Gouville-sur-Mer**   `3,5 km` `1 h`

A Gouville-sur-Mer : *(à 3,5 km)*

08 A **Anneville-sur-Mer**, continuer sur les sentes naturelles qui longent le bord de mer (chemin des matelots) passer derrière les campings d'Anneville-sur-Mer et de Gouville-sur-Mer pour atteindre la plage de **Gouville-sur-Mer**.

De **Gouville-sur-Mer** à **Blainville-sur-Mer**   `4,5 km` `1 h 10`

09 Passer devant les cabanes de plage multicolores de **Gouville-sur-Mer** et suivre les traces dans les dunes jusqu'à la plage de Gonneville. Prendre la route à gauche sur 600 m. Obliquer à droite, longer la clôture de la zone ostréicole, puis passer en bordure de la D 651 derrière la balustrade de bois.

▶ Attention : zone inondable dans les marées de coefficient supérieur à 100.

10 Au bout, s'engager sur le sentier à droite, contourner les campings, puis longer à nouveau la D 651 à droite sur 400 m jusqu'au carrefour avec la D 536, au pied de **Blainville-sur-Mer**.

Blainville-sur-Mer, ostréiculture. *Photo A. Kubacsi.*

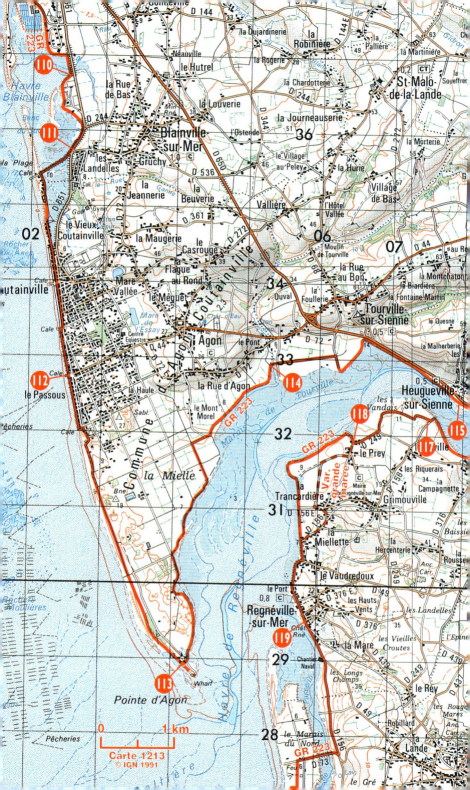

De Blainville-sur-Mer à Coutainville-Plage `3 km` `45 mn`

A Coutainville-Plage :

11 Laisser **Blainville-sur-Mer** à gauche, bifurquer à droite sur la route endiguée, franchir le pont et gagner la cale. Passer la station de sauvetage, le restaurant, poursuivre sur la dune et parcourir la digue de **Coutainville-Plage**.

De Coutainville-Plage au phare d'Agon `4,5 km` `1 h 10`

12 Continuer sur la digue jusqu'à l'école de voile de **Coutainville-Plage**. Partir à droite et suivre le sentier dans les dunes. Passer un bosquet, puis le monument Lechanteur et arriver à la table d'orientation, derrière le **phare d'Agon**.

▶ Possibilité de gagner la pointe d'Agon, à 500 m.

Du phare d'Agon à Heugueville `8 km` `2 h`

13 Au **phare d'Agon**, couper la route et traverser les herbus pour arriver en bordure du havre de Regnéville. Le longer vers le nord sur 2 km, tourner à gauche, puis suivre la route à droite et arriver à l'extrémité ouest des marais de Tourville. Parcourir le talus, franchir la chicane pour descendre dans le pré, tourner à gauche et sortir par l'échelle.

14 Franchir le pont, continuer tout droit par la route et, au bout, tourner à droite. Poursuivre par le sentier clôturé et arriver près de la D 650. Emprunter le sentier du littoral en contrebas et arriver au pied de l'église d'**Heugueville-sur-Sienne**.

Baie de la Sienne. *Photo M.-F. Hélaers.*

D'Heugueville-sur-Sienne au pont de la Roque `2,5 km` `40 mn`

Au pont de la Roque :

> **15** Laisser **Heugueville-sur-Sienne** à gauche et continuer le long de l'estuaire sur 800 m. Traverser les prés salés en empruntant les échelles et poursuivre par la route à droite jusqu'à l'entrée du **pont de la Roque**.

▶ Arrivée à gauche de la variante GR® 223B *(voir pages 124 et 125)* qui vient de Coutances *(gare SNCF)*.

Du pont de la Roque à Regnéville-sur-Mer `7 km` `1 h 45`

A Regnéville-sur-Mer :

> **16** Emprunter les deux **ponts de la Roque**. Obliquer à droite et, sur l'aire de pique-nique, à l'arrière des maisons, s'engager sur le chemin herbeux (servitude du littoral) en bordure des champs. Utiliser l'escalier, puis continuer tout droit dans l'herbu.

▶ Dans les prés salés, refermer soigneusement les barrières et *tenir les chiens en laisse*.

> **17** Franchir le portillon à gauche, poursuivre sur 50 m, puis virer à droite. La route zigzague. Prendre la D 249 à droite et gagner Le Prey.

▶ A marée haute, par grande marée, il est préférable de passer par l'intérieur en continuant par la D 249 *(voir tracé en tirets sur la carte)*.

> **18** Emprunter à droite le chemin qui mène dans l'estuaire. Franchir le portillon, se diriger à gauche et parcourir les herbus *(vue sur la pointe d'Agon sur la rive droite de l'estuaire de la Sienne)*. Quitter les herbus à La Miellette, prendre la D 156 à droite et arriver au carrefour de la D 49, à **Regnéville-sur-Mer**.

Regnéville-sur-Mer était un port très actif depuis la création en 1199 de la foire d'Agon par Jean sans Terre. Les fours à chaux exigeaient une grande quantité de charbon importé du Pays de Galles, tandis qu'on exportait la pierre à chaux. L'ensablement de l'estuaire, au début du 20e siècle, mit fin à cette activité. Dans la forteresse, démantelée en 1637, un musée maritime évoque les activités passées de l'estuaire ainsi que les techniques d'exploitation de la chaux depuis l'Antiquité.

De Regnéville-sur-Mer à Hauteville-sur-Mer `6 km` `1 h 30`

A Hauteville-sur-Mer :

> **19** A **Regnéville-sur-Mer**, poursuivre par la D 49, puis par la D 156 à droite, puis la D 73 à droite. Elle enjambe le canal de Passevin et franchit le fond du havre. Après le carrefour, à l'entrée du parking, partir à gauche, traverser le champ le long du talus à gauche et prendre le chemin entre les clôtures sur 300 m. Tourner à droite, à gauche, à droite, puis à gauche et suivre le chemin à droite.

> **20** Parcourir la digue à gauche. Au bout, virer à gauche, suivre la rue des Garennes à droite et atteindre le bord de mer. Utiliser la digue-promenade d'**Hauteville-sur-Mer-plage**.

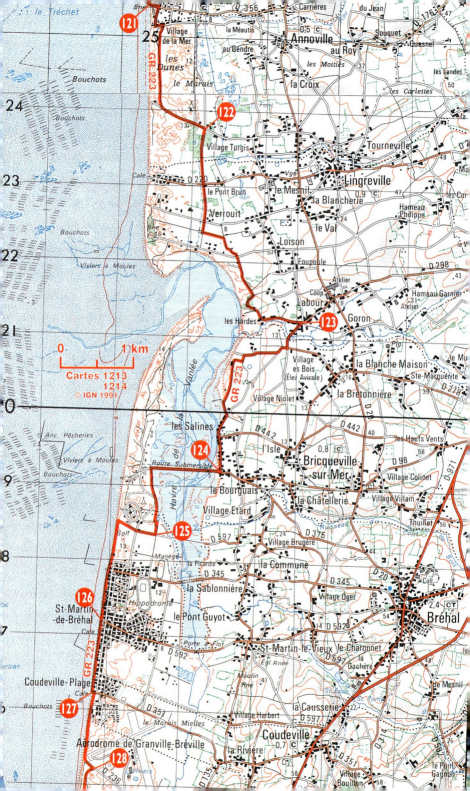

De **Hauteville-sur-Mer** aux **Salines** `9 km` `2 h 15`

Aux Salines :

21 A l'extrémité sud de la digue-promenade de **Hauteville-sur-Mer**, tourner à gauche puis emprunter la rue d'Annoville à droite. Après le virage, s'engager à droite sur le sentier dans les dunes. Prendre la route à gauche sur 600 m jusqu'au lieu-dit Les Peupliers.
Le GR® traverse des zones à fonds sableux (mielles), où on cultive des carottes fertilisées par des algues et du varech, très appréciées pour leur chair tendre.

22 Prendre à droite le chemin bordé de peupliers. Couper la D 220, puis la petite route. Emprunter le chemin à gauche, le chemin à droite, croiser la petite route et traverser Les Hardes avant d'arriver à La Planche-Guillemette.

23 Emprunter la D 298 à droite, la D 278 à droite, puis le chemin à gauche et longer le havre de la Vanlée. Continuer par la petite route et gagner le carrefour des **Salines**.

Des **Salines** à **Saint-Martin-de-Bréhal** `4 km` `1 h`

A Saint-Martin-de-Bréhal :

Le travail du sel se développa dès le 8e siècle, mais la Révolution, en supprimant les douanes intérieures, livra le sel blanc récolté par les sauniers à la concurrence des sels gris, moins chers. Les sauniers survécurent jusqu'au 19e siècle, puis s'éteignirent.

▶ La route submersible est infranchissable lors des marées hautes de fort coefficient.

24 Aux **Salines**, prendre la route submersible à droite. Elle franchit le havre de la Vanlée. Près des petites bergeries, s'engager à gauche sur la sente peu marquée dans les pâtures *(bien suivre les jalons balisés en direction d'une bouche d'incendie rouge à 400 m)*. Longer la route sur 150 m, puis entrer à gauche dans les pâtures et aller jusqu'à un portillon métallique. Continuer par le chemin en face.

25 Emprunter le chemin à droite, couper la route et continuer en face par le large chemin sableux, entre le golf et le camping, jusqu'à la dune qui borde la plage. Longer la clôture du golf à gauche, passer l'école de voile et parcourir la digue-promenade au-dessus de la plage de **Saint-Martin-de-Bréhal**.

De **Saint-Martin-de-Bréhal** à **Coudeville-Plage** `1 km` `15 mn`

A Coudeville-Plage :

26 A **Saint-Martin-de-Bréhal**, continuer jusqu'à la cale de **Coudeville-Plage**.

De **Coudeville-Plage** à **Donville-les-Bains** `4 km` `1 h`

A Donville-les-Bains :

▶ Entre Coudeville et Donville, la plage est hérissée de pieux (bouchots), enfoncés dans le sol au bas de la zone de marée. Les mytiliculteurs y élèvent des moules de bouchots qui ne doivent pas être ramassées.

27 A **Coudeville-Plage**, continuer dans les dunes qui bordent la plage et laisser la D 236 à gauche.

▶28 Poursuivre, puis s'éloigner de la plage pour longer l'hippodrome, le camping, puis la base d'hélicoptère. Continuer par la rue de la Rafale et atteindre **Donville-les-Bains**.

De **Donville-les-Bains** à **Granville** `5 km` `1 h 30`

A Granville :

▶29 A **Donville-les-Bains**, suivre la promenade de la Plage, la rue de la Douane et continuer sur la falaise. Longer le cimetière puis le célèbre jardin Christian Dior *(maison d'enfance de Christian Dior ; musée)*. Descendre l'escalier à droite et parcourir la promenade en front de mer jusqu'à la place du Casino.

▶30 Passer devant le casino, emprunter l'escalier en face, monter dans la vieille ville et gagner le musée Richard Anacréon *(unique musée d'art moderne dans la Manche)*. Suivre le chemin de ronde, franchir la porte Saint-Jean et entrer dans l'ancienne caserne du Roc. Traverser la grande place en diagonale, rejoindre le bord de la falaise derrière le collège *(bâtiments de la caserne)* et continuer jusqu'au phare de Granville.

▶31 Descendre à droite et prendre le sentier qui fait le tour de la pointe du Roc jusqu'au cap Lihou. Suivre la rue qui passe près du radoub *(cale sèche pour l'entretien des bateaux)*, longer les quais, puis aller à droite vers le centre de nautisme de **Granville**.

De **Granville** à **Saint-Pair-sur-Mer** `3 km` `1 h`

A Saint-Pair-sur-Mer :

Granville : port de pêche (cinquième port français en tonnage), de commerce et de plaisance. Liaison vers les îles Chausey et les îles anglo-normandes. Haute Ville ceinturée de remparts. Musée ethnographique du Vieux Granville, aquarium.

▶32 Contourner le centre de nautisme de **Granville** du côté mer et longer le bassin. Après la résidence Port-Granville, gravir à droite un escalier abrupt *(à 100 m, à droite, table d'orientation de la pointe Gauthier)* et emprunter la rue à gauche. S'engager à droite sur le sentier en bordure d'immeubles, puis longer la côte à gauche jusqu'à la route d'accès à la cale d'Hacqueville.

▶33 Descendre vers la mer, prendre la rue du Port-Foulon à gauche, puis le sentier au-dessus du parking. Emprunter la D 911 à droite jusqu'au carrefour du Fourneau.

▶ Variante non balisée par l'intérieur (voir tracé en tirets sur la carte)

▶34 Descendre à droite vers la plage et la longer *(aux marées hautes de fort coefficient, continuer par la D 911)*. Avant le ruisseau qui coupe la plage, aller à gauche vers la cale des Mielles, puis à droite vers le centre de **Saint-Pair-sur-Mer**.

De **Saint-Pair-sur-Mer** à **Kairon** `4 km` `1 h`

A Kairon :

▶35 A l'église de **Saint-Pair-sur-Mer**, prendre la rue Saint-Pierre à droite, la digue-promenade à gauche, la rue de Scissy à gauche, la D 911 à droite sur 400 m, puis la rue Fontaine-Saint-Gaud à droite. Avant la mer, monter par le chemin à gauche, suivre la D 911 à droite sur 50 m, puis l'allée de la Corniche à droite et continuer jusqu'à l'embouchure du Thar. Traverser la D 911, prendre la route de Catteville sur 20 m, le chemin de Beausoleil à droite et jusqu'à la D 373 *(arrivée de la variante)*.

Le carnaval de Granville

Connu dans toute la région, le carnaval de Granville, un des rares carnavals normands, est le plus original et le plus ancien. C'est aujourd'hui une fête vivante et très animée pendant les quatre jours où il se déroule, en février. Le premier temps fort est la grande cavalcade du dimanche.

Chaque quartier de Granville prépare, pendant l'hiver, son char. Il y a aussi les individuels, c'est-à-dire des amis qui se regroupent à trois, six, sept ou plus, pour faire leur propre char.

L'ensemble forme une cavalcade de 20 ou 25 chars, accompagnés de groupes musicaux qui défilent à travers la ville le dimanche du carnaval. Les thèmes sont variés, allant de la politique nationale aux faits de société, en passant par la politique locale ; ils sont traités de façon satirique.

A l'origine, les marins, avant leur départ pour la campagne de pêche à Terre-Neuve, faisaient la fête pendant trois ou quatre jours, avant de passer huit rudes mois en mer. Souvent une partie de l'avance, touchée de l'armateur, était dépensée dans ces divertissements fous où les matelots se déguisaient en marquis, tandis que les gamins criaient à tue-tête : « Il a mangé ses 400 francs, il s'en ira le cul tout nu au banc … »

La tradition s'est conservée et le carnaval est devenu une véritable institution granvillaise. Le second temps fort du carnaval, après la journée plus calme du lundi couronnée par le Bal à papa, c'est le jour des intrigues, le mardi. Après un dernier défilé des chars, on brûle le bonhomme Carnaval. C'est alors que commencent les intrigues : toute la population, toutes classes sociales confondues, se déguise, se masque. Des petits groupes parcourent la ville pour surprendre amis et connaissances, et la fête s'achève fort tard dans la nuit. C'est assurément le jour le plus original, et le plus proche de l'ancienne fête populaire.

Carnaval de Granville. *Photo CDT50.*

Le musée Christian Dior

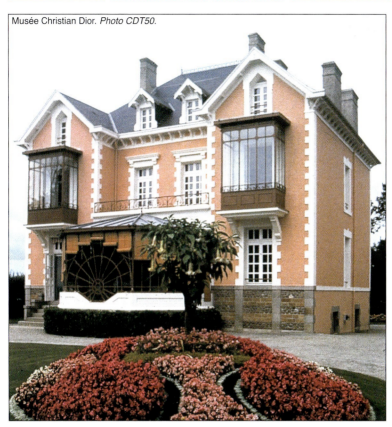

Musée Christian Dior. *Photo CDT50.*

Construite par l'armateur Beust à la fin du XIXᵉ siècle, la villa « Les Rhumbs » doit son nom au terme de marine désignant les 32 divisions de la rose des vents, symbole qui figure dans une mosaïque ornant le sol d'une des entrées de la maison. Lorsque les parents de Christian Dior l'acquièrent vers 1905, Madeleine, sa mère fit modifier le terrain pour l'aménager en parc à l'anglaise, planter de jeunes arbres et ouvrir une large baie sur la façade vers la mer. Le jeune Christian y exercera ses talents de dessinateur et d'architecte, concevant vers 1920 le plan d'eau et la pergola, toujours en place aujourd'hui. Des essences rares et exotiques rapportées de voyages proliféraient dans le jardin désormais protégé, et même dans le jardin de rocaille. Christian Dior affectionnait ces lieux où il retrouvait son ami Serge Hefter-Louiche (futur fondateur des parfums Dior), avec lequel il se promenait sur les sentiers de falaise. Lorsqu'en 1932, peu après le décès de Madeleine Dior, le père, un industriel, fut ruiné par la crise, la propriété fut mise en vente. Achetée par la municipalité de Granville, le jardin sera ouvert au public dès 1938.

> 136 Emprunter la D 373 à droite sur 100 m puis, dans le virage, continuer par le chemin en face, puis aller à droite et gagner **Kairon**.

De **Kairon** à **Bouillon** `3 km` `45 mn`

> 137 Contourner l'église de **Kairon**, et rejoindre un chemin à gauche. Virer à droite, à gauche, continuer par le sentier, entre les près franchir le Thar, puis suivre la route à droite. A La Carrière, prendre la D 109 à droite sur 80 m, puis la route à gauche. Tourner à droite et atteindre **Bouillon** *(camping)*.

De **Bouillon** à **Carolles-Plage** `3 km` `45 mn`

A Carolles-Plage :

> 138 A **Bouillon**, traverser la D 571, continuer par la route sur 1,5 km. Au carrefour, virer à droite. Au bord de la falaise, continuer à gauche par le sentier sur 400 m. Descendre à droite un très raide escalier, puis emprunter le large chemin à gauche *(ancienne voie ferrée)*. Après le viaduc, descendre à droite et longer le ruisseau du Crapeux, dans la vallée des Peintres *(nommée ainsi vers 1900)*. Couper la D 911 et aller vers **Carolles-Plage**.

> **Hors GR®** pour **Jullouville** `2 km` `30 mn`
> A Jullouville :
> Gagner la plage et longer le bord de mer à droite jusqu'à Jullouville.

De **Carolles-Plage** à **Saint-Jean-le-Thomas** `7 km` `2 h 15`

A Saint-Jean-le-Thomas :

> 139 Avant **Carolles-Plage**, grimper à gauche par le sentier escarpé, puis longer le haut de la falaise et aboutir à la plate-forme du Pignon-Butor *(table d'orientation ; panorama de Granville à Cancale)*. Continuer par le sentier des douaniers qui suit le haut de la falaise vers le sud *(passages aériens)*, puis descend dans la vallée du Lude.

▶ Possibilité de monter à Carolles *(hébergement)* par le sentier à gauche *(20 min)*.

> 140 Longer le ruisseau à droite sur 50 m.

▶ En suivant le ruisseau, accès au port du Lude *(crique sauvage et d'accès dangereux, qui servit de port clandestin pendant la Chouannerie et aux contrebandiers)*.

Franchir le Lude sur la passerelle, puis monter au rocher du Sard. Continuer par le sentier au bord de la falaise jusqu'à la cabane Vauban *(18ᵉ)*. Restaurée et située à l'emplacement d'un ancien corps de garde, relais de surveillance et de signaux optiques entre le mont Saint-Michel et Granville. Elle abritait jusqu'au début du 20e siècle, les douaniers en patrouille le long de la côte.
Poursuivre par le sentier, passer une autre cabane (vue sur le mont) et emprunter le chemin bitumé.

> 141 Descendre à droite par une sente peu visible et remonter par la route de la cale de Sol-Roc à gauche. Au parking, suivre à droite une route qui se prolonge par un sentier au bord de la falaise. Descendre à droite une petite route. Laisser la plage de Saint-Michel à droite et prendre à gauche la rue principale vers le centre de **Saint-Jean-le-Thomas**.

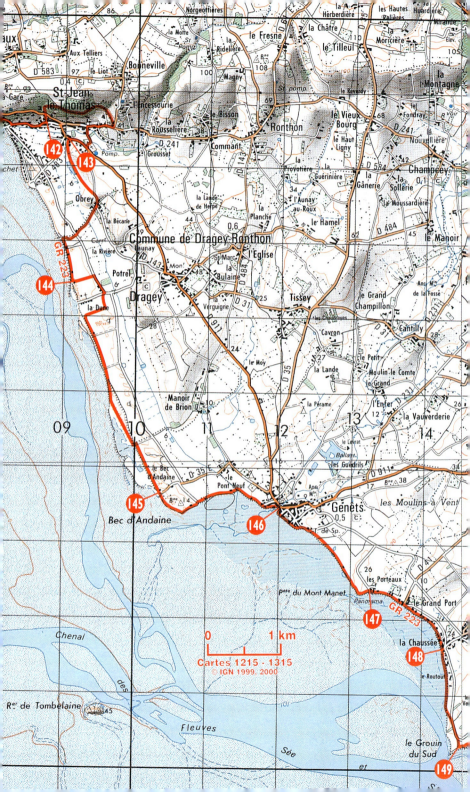

De Saint-Jean-le-Thomas à Genêts `10 km` `2 h 30`

A Genêts :

42 A **Saint-Jean-le-Thomas**, grimper par la ruelle à gauche, traverser la D 911 et monter en face par le chemin en sous-bois. Emprunter le large chemin à droite *(ancienne voie ferrée Avranches - Granville)*. Au carrefour, prendre la D 241 à droite. A l'église, suivre la route à gauche, puis la D 911 à droite sur 400 m.

43 S'engager à gauche sur le chemin empierré. Emprunter la route à droite. A Obrey, bifurquer sur la route à droite. Traverser une route, continuer sur un chemin sableux jusqu'au rivage. Le suivre à gauche.

▶ Dans cette zone jusqu'au bec d'Andaine, le rivage évolue du fait de l'érosion des dunes à certains endroits et de dépôts sédimentaires à d'autres. Le balisage est peu fiable. Il faut rester peu éloigné des clôtures, en évitant de marcher sur le bord des dunes en cours d'effritement. Le GR® suit le sentier du littoral (créé par la DDE de la Manche) matérialisé par des ronds jaunes.

44 Peu avant La Dune, partir à gauche rejoindre la petite route côtière. La suivre à droite. Au carrefour, virer à droite sur 20 m, puis s'engager sur le chemin herbeux à gauche et traverser les pâtures avant de retrouver le bord de mer. Continuer à gauche dans une zone dunaire aux traces confuses et multiples jusqu'au bec d'Andaine.

▶ Le bec d'Andaine constitue le principal lieu de départ des traversées à pied de la baie vers le mont Saint-Michel, situé à 7 km.

▶ Il est fortement déconseillé de s'aventurer dans la baie sans guide, car celle-ci est très dangereuse (marées, vase, sables mouvants, brouillard, orage…). Pour gagner directement le mont saint-Michel, il est impératif de se faire accompagner par un guide agréé. Pour tout renseignement, s'adresser à la Maison de la Baie.

45 Poursuivre sur le sentier du littoral, longer un ancien hippodrome et franchir un petit pont avant d'atteindre **Genêts**.

De Genêts à La Chaussée `3 km` `45 mn`

46 A **Genêts**, franchir le Lerre sur la passerelle et contourner le bourg par la droite, à la limite des herbus *(ou prés salés qui désignent les prairies plus ou moins recouvertes à marée haute)*. Après l'ancienne chapelle *(antenne d'information de la Maison de la Baie)*, emprunter la route sur 200 m, puis le chemin qui longe la roselière. A la hauteur d'un gabion *(abri de chasseurs)*, monter en bordure des prés, franchir les échelles, passer la pointe du Mont-Manet et arriver aux Porteaux.

▶ Lors des marées de très fort coefficient, des Porteaux au hameau du Rivage, il est conseillé d'utiliser la route côtière.

47 Descendre en limite de l'herbu. Passer Le Grand-Port *(au Moyen Age, ces bourgs étaient des ports)* et atteindre **La Chaussée** (Vains-Saint-Léonard).

Débouché d'un ancien itinéraire de pèlerins, ancien prieuré 12e. Maison de la Baie.

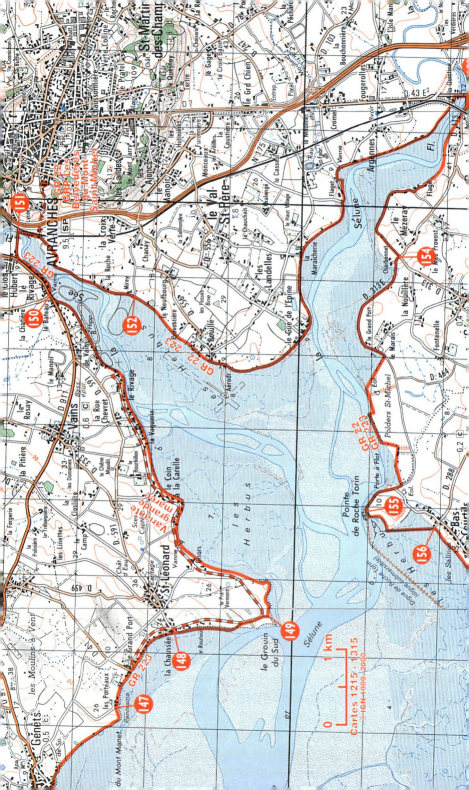

De La Chaussée à la passerelle sur la Sée   9 km   2 h 15

48 A **La Chaussée**, poursuivre en limite des herbus sur 400 m, passer l'ancienne ferme du Routout *(Maison de la Baie, musée, informations)* et franchir deux barrières *(bien les refermer)*. Monter à gauche, suivre la route à droite et, dans le virage, continuer en face par le chemin qui se dirige vers la pointe rocheuse du Grouin du Sud *(point de vue)*.

Le fleuve qui coule au pied est formé de la réunion de deux rivières : la Sée et la Sélune. Lors des grandes marées, quand le flot remonte la rivière, le muret d'eau appelé mascaret avance vers l'amont avec un bruit caractéristique, 1 h 15 avant l'heure de la pleine mer.

49 Descendre au bord du chenal près du bout de la pointe rocheuse et suivre le sentier du littoral vers l'est, en limite des herbus. A la vanne, effectuer un crochet à gauche pour franchir le ruisseau sur le pont, revenir sur l'herbu puis longer l'hippodrome et rejoindre la D 911.

50 Bifurquer à droite pour suivre un chemin parallèle à la route au bord de la rivière, puis tourner à droite et emprunter la **passerelle sur la Sée** *(jonction avec le GR® 22 qui arrive en face d'Avranches)*.

> **Par le GR® 22 pour le centre d'Avranches**   1 km   15 mn
> A Avranches :
> Au bout de la passerelle, suivre à gauche le GR® 22 qui monte dans le centre d'Avranches. Théâtre de la Percée d'Avranches du général Patton en 1944. Nombreux musées, jardin des Plantes, palais épiscopal, château et donjon.

De la passerelle sur la Sée à Pontaubault   10 km   2 h 30

A Pontaubault :

51 Sur la **passerelle de la Sée**, descendre l'escalier entre la rivière et la voie ferrée, emprunter la route qui borde la voie ferré vers le sud. Près de la scierie, poursuivre en face par la route en bordure des herbus. Elle passe aux Plataines et à La Roche.

▶ Après Mirey et jusqu'au mont Saint-Michel, l'itinéraire parcourt les herbus parmi des troupeaux de moutons : ne pas les effaroucher, tenir les chiens en laisse et refermer les barrières. Il est préférable d'utiliser la route les jours de grande marée.

52 A Mirey, continuer par le chemin empierré, puis franchir le portillon pour entrer dans l'herbu. A Bouillé, poursuivre par la route et arriver au gué de l'Epine.
Encore appelé L'Hôpital (les malades restaient là), il permettait aux pèlerins de franchir la Sélune. Le cours de la rivière ayant changé, il est très dangereux de la traverser ici.
Poursuivre par la route et, près du moulin de Flaget, continuer tout droit dans l'herbu. Retrouver une route puis, à la vanne, entrer dans l'herbu par le portillon. Emprunter le chemin herbeux, puis le chemin empierré et la D 43 à droite pour gagner **Pontaubault**.

De Pontaubault à la D 313E   3 km   45 mn

53 Après le pont sur la Sélune, à **Pontaubault**, aller à droite vers l'aire de pique-nique. Après la voie ferrée, emprunter le chemin à droite, puis longer l'herbu. A Flagé, quitter l'herbu par le portillon pour suivre par la route à droite sur 2 km *(ne pas continuer dans les herbus parcourus par des fossés profonds)* et déboucher sur la **D 313E**.

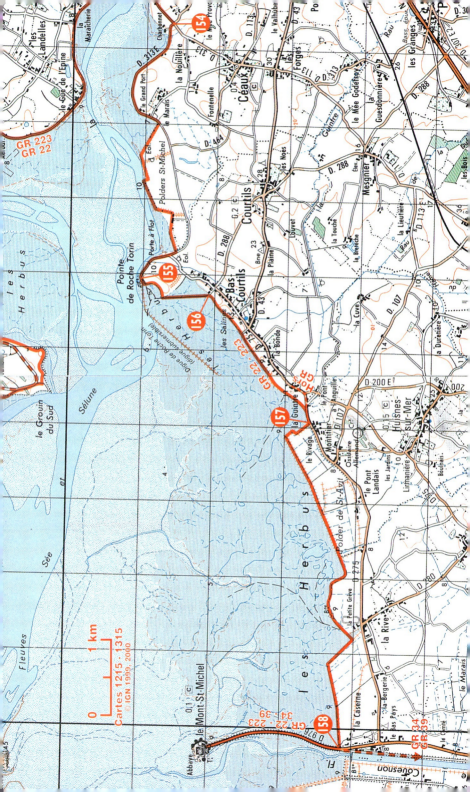

De la D 313E au Rivage

> **54** Emprunter la **D 313E** à droite. Près du Grand-Port, laisser la route récente (édifiée à cause des risques d'affaissement de la colline) pour suivre l'ancien tracé plus à droite. Dans une courbe à droite, entrer dans l'herbu par le portillon, longer la clôture et arriver au bord de la Sélune. Parcourir à gauche le pied de la digue des polders Saint-Michel puis, après la ferme, le pied des haies (afin de n'avoir pas à enjamber les canaux qui sillonnent les herbus). Prendre la route côtière à droite, franchir le pont et atteindre la pointe de la Roche-Torin *(aire de pique-nique ; vue sur le mont Saint-Michel et la baie)*.

▶ Les travaux de rétablissement du caractère insulaire du mont Saint-Michel doivent commencer en 2005. Cela risque d'entraîner des modifications importantes du GR®.

> **55** Contourner la pointe. Au niveau des tables en granite, virer à droite pour traverser en biais l'herbu en direction d'un arbuste situé à 250 m à l'angle de la clôture qui borde l'herbu. Emprunter au sud le chemin qui longe la clôture jusqu'au belvédère du relais de Courtils *(Maison de la Baie, muséographie)*, à La Rue-Guimont.

> **56** Continuer dans l'herbu près de la clôture. A La Barre, passer en contrebas du parking, puis parcourir la digue qui surplombe l'herbu. Emprunter la route à droite sur 100 m et gagner l'aire de pique-nique du **Rivage** (Huisnes-sur-Mer).

▶ Possibilité de gagner le gîte d'étape de La Guintre, à 500 m par la route à gauche.

Du Rivage à La Caserne

A La Caserne :

> **57** Après l'aire de pique-nique du **Rivage**, entrer à droite dans l'herbu et suivre la clôture érigée au pied de la digue qui ceint le polder de Saint-Avit.

▶ En cas de forte marée ou de terrain humide, possibilité d'emprunter la digue *(balisage petits ronds jaunes, servitude de passage mise en place par la DDE)*.

Le GR® se rapproche de la route côtière près de La Rive *(maison à haute tourelle)*.

▶ Possibilité de rejoindre la D 275 *(hôtels-restaurants, chambres d'hôtes)*.

Traverser l'herbu, gagner en face le pied de la digue et la longer jusqu'à **La Caserne**.

▶ Jonction avec le GR® 34 qui arrive à gauche de Pontorson. A gauche, le parcours du littoral continue par le GR® 34 vers Saint-Malo *(voir topo-guide Côte d'Emeraude)*.

De La Caserne au Mont-Saint-Michel

Au Mont-Saint-Michel :

> **58** A **La Caserne**, longer la route endiguée à droite et gagner **Le Mont-Saint-Michel**.

Merveille de l'Occident. Pèlerinage à l'archange saint Michel (église paroissiale 11e), abbaye 13e-16e (visite), rues pittoresques, remparts.

L'histoire du Mont-Saint-Michel

Le Mont entre dans l'histoire au Ve siècle où quelques ermites s'installent. Ils y édifient deux sanctuaires et fondent la première implantation chrétienne permanente. En 708, saint Aubert, évêque d'Avranches, élève un oratoire dédié à saint Michel. La réputation du sanctuaire s'étend. Les pèlerins donnent bientôt au Mont Tombe le nom de Mont Saint-Michel.

En 965, le duc de Normandie y installe des moines bénédictins qui resteront au Mont jusqu'à la Révolution. L'abbaye contribue au rayonnement d'Avranches, dite au XIe siècle, « l'Athènes Normande ». Le scriptorium où les moines copient et enluminent les manuscrits connaît un rayonnement tel que le Mont est surnommé « la cité des livres ». Les pèlerins le fréquentent toujours davantage, en utilisant le réseau des « chemins montois » créés par eux. Le Mont devient français lors du rattachement de la Normandie à la France, sous Philippe Auguste (1204). Trop terrestre pour être assailli par bateau et trop marin pour être pris à pied, le Mont ne sera jamais envahi par les Anglais, lors de la guerre de Cent Ans, ni par les protestants, lors des guerres de religion. Il reste fidèle à la couronne française à travers les siècles.

A la Révolution, la suppression des ordres monastiques entraîne la fermeture de l'abbaye, qui est utilisée comme prison. Des prêtres réfractaires y sont d'abord détenus, puis des prisonniers à la fois politiques et de droit commun. La prison fermée, en 1863, par Napoléon III, l'abbaye est rendue aux pèlerins. Dès 1872, l'administration des Monuments Historiques est chargée de son entretien et de sa mise en valeur.

Détail de rempart du Mont-Saint-Michel.
Dessin J.Bazin.

Rétablissement du caractère maritime du Mont-Saint-Michel

Jour après jour, le Mont-Saint-Michel se voit abandonné par la mer et irrémédiablement conquis par les terres. Il fallait donc agir pour repousser durablement cette perspective. Etat et Collectivités territoriales ont conjugué leurs efforts pour rétablir le caractère maritime du Mont. Après trois années de concertation et d'études, les travaux démarrent en 2005 pour s'achever en 2009.

S'opposer à l'ensablement naturel de la Baie n'est pas envisageable à l'échelle de l'homme. Cependant, il est possible d'effacer les aménagements qui ont provoqué les effets les plus indésirables. En l'absence de toute intervention, le site aurait perdu son caractère maritime dans 50 ans. Des essais sur maquette ont permis de dégager une solution présentée comme pérenne et efficace, « rajeunissant » le site de plusieurs dizaines d'années à l'horizon 2042. Le Couesnon s'ouvrira alors en un large estuaire, balayant un vaste espace de grèves.

Libéré de l'emprise des herbus qui l'enserrent, débarrassé des parkings actuels et de la digue-route qui le déparent, le rocher de l'Archange apparaîtra uniquement ceint de grèves et de remparts. La digue-route, dont le dernier kilomètre aura été supprimé, s'achèvera en un pont-passerelle s'arrêtant à 300 m des remparts. Une cale descendant en pente douce mènera à un terre-plein où un gué permettra de franchir les derniers mètres pour entrer dans le Mont. Avec la disparition de la circulation automobile entre le continent et le Mont sur 2 km et la mise en place d'une navette non polluante et silencieuse, seule la nature se fera apprécier des visiteurs.

Le Mont Saint-Michel. *Photo J. Tribhout/CDT50.*

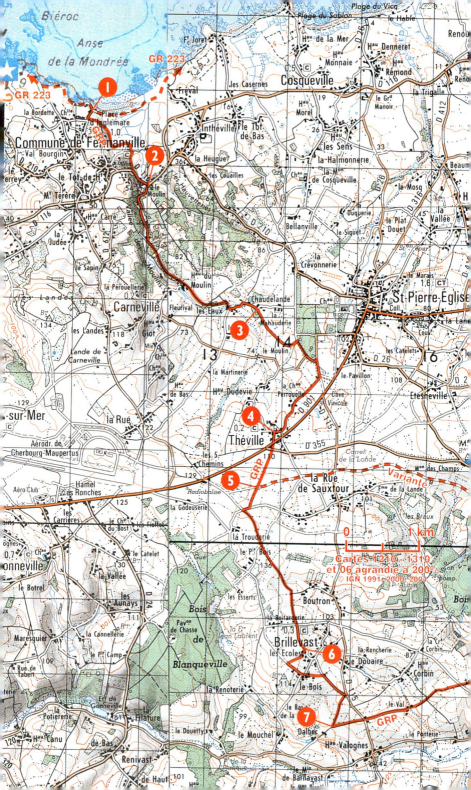

Le sentier GR® de Pays
Tour du Val de Saire

▶ Le GR® de Pays *Tour du Val de Saire*, du Castel de la Mondrée à Barfleur, combiné avec le GR® 223, permet de réaliser une boucle au nord-est du Cotentin, à partir de Barfleur *(voir pages 46 et 47)*.

Du Castel de la Mondrée à Théville `7 km` `1 h 45`

Hors GR® pour Fermanville `1 km` `15 mn`
A Fermanville :
Emprunter la route à gauche.

❶ Au carrefour du **Castel de la Mondrée**, prendre la route à gauche vers l'intérieur *(station SNSM)*. Au croisement, tourner à gauche. Emprunter la rue Basse à gauche, puis le chemin à droite. Suivre la D 116 à gauche jusqu'à la stèle érigée à la mémoire de la poétesse Marie Ravenel qui marque l'entrée de la vallée des Moulins.

❷ Remonter la vallée des Moulins à droite, passer sous le viaduc *(construit en 1911)*, traverser le hameau du Moulin et poursuivre par le chemin de terre qui longe le ruisseau. Tourner à droite, franchir le ruisseau et atteindre Les Eaux. Prendre la route à gauche.

❸ Après Chaudelande, bifurquer à droite, puis à gauche et virer à droite en bordure du parc du château de Saint-Pierre-Eglise. Continuer par la D 412 à gauche. Partir à droite et gagner la croix Rompue. Obliquer à droite, puis arriver à **Théville** *(lavoir)*.

De Théville à une intersection `1 km` `15 mn`

❹ Au niveau de l'église de **Théville**, tourner à gauche (sud). Couper la D 901 *(prudence)*, puis la D 355 et gagner une **intersection** de quatre chemins.

▶ Départ à gauche de la variante du Vast, conseillée par temps de pluie, car les sentiers y sont moins humides.

Le viaduc de Fermanville.
Photo C. le Tollec.

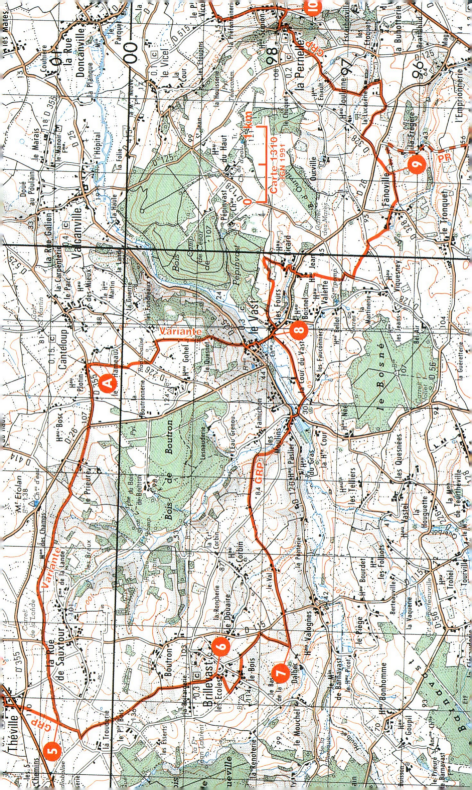

Variante du Vast 8 km 2 h

Au Vast :

A l'intersection, prendre la chasse des Equerdres à gauche et continuer vers l'est. Couper la D 115, la route du Prieuré, puis la D 26 et poursuivre par la D 355.

A Dans le hameau Plotin, bifurquer à droite, puis partir à gauche. Couper la D 226 et continuer par la route sur 400 m. S'engager sur le sentier à droite et descendre au Vast. Traverser le village, franchir la Saire et atteindre le croisement des Fours.

De l'intersection à Brillevast

5 A l'**intersection**, continuer tout droit. Prendre la route à droite puis, au calvaire de Saucy, le chemin à gauche. Poursuivre par une série de chemins rectilignes *(humides en période de pluie et en hiver)*, atteindre le hameau des Ecoles, au sud de **Brillevast**.

De Brillevast aux Fours

Au Vast :

6 A l'entrée du hameau des Ecoles, de **Brillevast**, partir à droite. Tourner à gauche, passer tout droit le hameau du Bois. Prendre la route à droite. Ne pas emprunter la D 115, mais descendre à droite.

7 Virer à gauche, couper la D 115 et continuer par la route du Val. Franchir le ruisseau, puis remonter en face, traverser la route et descendre dans les prairies. Bifurquer à droite, emprunter la route à gauche, puis suivre la D 120 à gauche. Enjamber la Saire, prendre la route à gauche et partir à gauche le long de la vallée pour déboucher sur la D 26, aux **Fours**, hameau du Vast.

Des Fours à La Pernelle 7 km 2 h

A La Pernelle :

8 Aux **Fours**, laisser Le Vast à gauche et prendre la D 26 à droite sur 100 m. Partir à gauche vers la lisière du bois de Pépinvast, puis virer à droite et descendre au hameau Ricard. Traverser la D 26 et passer le hameau Jean. Tourner à gauche, suivre la D 128 à droite sur 150 m, puis s'engager sur le chemin à gauche. Aller à gauche puis à droite. Bifurquer à gauche pour entrer dans Fanoville, couper la D 328, puis emprunter le chemin à gauche et gagner une intersection, à la corne d'un bois.

▶ Possibilité de rejoindre le GR® 223 près de Saint-Vaast-la-Hougue *(voir pages 40 et 41)* en continuant tout droit par un itinéraire *(balisé en jaune jusqu'à l'église de Quettehou ; non balisé ensuite)*. Il passe par La Frégère, Le Valvacher et Le Pont-Rasé, près de Quettehou *(voir tracé en tirets sur la carte page suivante)*.

9 A l'intersection, tourner à gauche, puis à droite, couper la D 26 et poursuivre par la D 328. S'engager sur le chemin à droite. Emprunter la route à gauche sur 400 m, se diriger à gauche vers La Lucaserie et franchir le vallon. Passer au hameau Enault, continuer tout droit, traverser le vallon, croiser la D 125 et atteindre **La Pernelle**.

De La Pernelle à Anneville-en-Saire

A Anneville-en-Saire :

Panorama sur la côte est du Cotentin, du phare de Gatteville à Quinéville avec, en arrière-plan, les îles Saint-Marcouf et les falaises de Grandcamp sur la côte du Bessin. Fontaines Saint-Marcouf et Sainte-Pétronille. Eglise reconstruite après les bombardements de 1944 visant une importante station de radar établie sur ce site par les Allemands.

10 A **La Pernelle**, descendre les escaliers, passer au pied de l'oratoire Notre-Dame-de-Lourdes, puis s'engager sur le sentier très pentu à droite qui débouche dans le hameau Férey. Emprunter la route au nord. Au Petit-Vicel, prendre la route à droite, puis la route à gauche et la D 128 à gauche sur 50 m. Partir à droite, franchir la Saire près d'un moulin, continuer par la ruelle et gagner **Anneville-en-Saire**.

D'Anneville-en-Saire à Montfarville

A Montfarville :

Jadis, à Anneville-en-Saire, des industries (tissage, huile, teintureries) furent très actives grâce aux moulins sur la Saire (tissage, huile, teintureries).

11 Avant l'église d'**Anneville-en-Saire**, tourner à gauche, puis suivre la D 902 à gauche (nord). Emprunter à droite une chasse rectiligne à droite à travers les cultures maraîchères et parvenir à **Montfarville**.

De Montfarville à Barfleur

A Barfleur :

Montfarville : décorations de la voûte de l'église réalisées par le peintre Guillaume Fouace en 1880.

12 Contourner l'église de **Montfarville** par la droite, puis le hameau de Haut encore par la droite et continuer vers le nord. Traverser tout droit Les Roches et poursuivre par la route qui mène au fond du port de **Barfleur**.

▶ Jonction avec le GR® 223 qui, à droite, vient de Saint-Vaast-la-Hougue et, à gauche, se dirige vers le phare de Gatteville (voir pages 44 à 47).

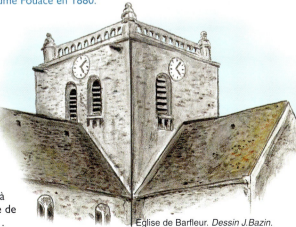

Eglise de Barfleur. *Dessin J.Bazin.*

Barfleur

D'origine viking, premier grand port de la côte normande au Moyen-âge, Barfleur est lié à l'histoire des rois anglo-normands et à celle de l'Angleterre.

Remarquable par ses perspectives multiples et par son patrimoine architectural, comme la cour sainte Catherine ou le cloître des Augustins, Barfleur est classé comme l'un des plus beaux villages de France.
Les peintres Guillemet et Sisley, Eugène Boudin et Paul Signac aimaient cette pointe où les ciels sont les plus beaux du monde. Face au phare de Gatteville, l'église Saint-Nicolas, entourée de son cimetière marin, possède un remarquable mobilier et de belles orgues. Regarder la débarque des poissons ou des moules est un plaisir à ne pas bouder en se promenant sur les quais. On y visite la plus ancienne station de sauvetage en mer du Cotentin (1865). Antiquaires, atelier de potier et cafés animent ce port qui garde un petit air de fête estivale toute l'année.

Phare de Gatteville.
Photo S. Fautré/CDT50.

Le château des Ravalet à Tourlaville

Ce château de la Renaissance a été réalisé au XVIe siècle par Jean II de Ravalet, ami de la duchesse d'Estouteville, entre 1562 et 1575, à l'emplacement d'un manoir médiéval dont seul le donjon, reconstruit, subsiste.

Jean II l'offre à son neveu Jean III, dont deux des enfants, Julien et Marguerite, deviennent tristement célèbres : accusés d'adultère, ils sont décapités en place de Grève à Paris le 2 décembre 1603. Peu après, la seigneurerie est saisie et le domaine démantelé.

En 1653 le château est acquis par Charles de Franquetot qui fait réaliser d'importants travaux de décoration intérieure encore remarquablement conservés. Il commande le fameux tableau *Marguerite et les Amours*, attribué à Mignard. Son frère hérite du château, puis diverses familles le possèdent par la suite. Enfin, en 1777, le château échoit à Hervé-Louis Clérel de Tocqueville, père d'Alexis, l'auteur de *La Démocratie en Amérique*.

En 1859, Édouard, puis René de Tocqueville entreprennent de très importants travaux jusqu'en 1874 : érection de la tour, création du parc et des serres.

En 1906, des revers de fortune contraignent René de Tocqueville à se séparer de ses domaines. Après plusieurs ventes, le domaine est acheté par la ville de Cherbourg en 1935. Pendant la guerre, l'état-major français puis allemand l'occupe.

Enfin, en 1996, le domaine est classé Monument historique, y compris le système hydraulique (les douves, les étangs, le bief et les vestiges du moulin, et l'étang des Costils plus au sud).

Cette élégante demeure a pour écrin un parc de quatorze hectares entièrement réaménagé de 1962 jusqu'à nos jours. Le parc agrémenté par la vicomtesse de Tocqueville de grottes, d'arcades et de l'exceptionnelle serre à rotonde, comporte maintenant un conservatoire des dahlias (1995) et s'agrémente d'espèces exotiques. Les communs partiellement restaurés abritent un salon de thé. Les prés accueillent des jeux d'enfants. Cette ouverture au public fait du parc des Ravalet un site historique des plus agréables (visite commentée toute l'année).

Château des Ravalet. *Photo J. Menault/Ville de Cherbourg.*

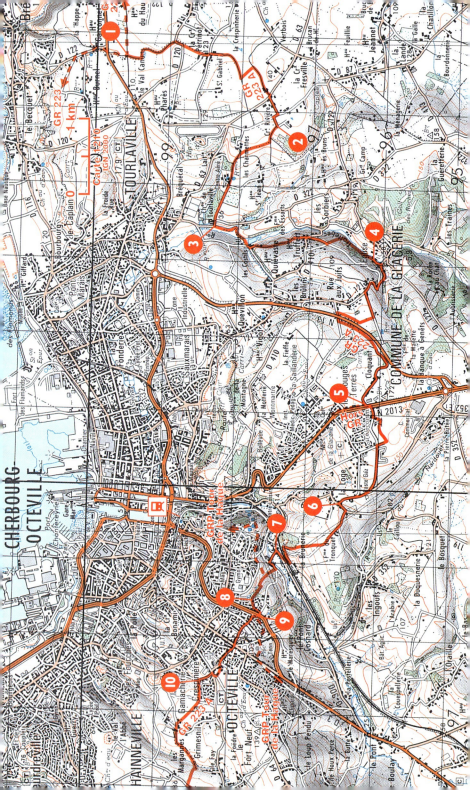

Le sentier GR® 223A
Les balcons de Cherbourg

De la Bonne-Vierge-Simonet au château de Tourlaville
`5 km` `1 h 15`

1 A la **Bonne Vierge Simonnet**, prendre le chemin à gauche (sud). Continuer par la D 120 à droite sur 100 m puis, dans le virage, tout droit par le chemin. Traverser La Croix-Perrinot. Au carrefour, poursuivre, toujours au sud, par le chemin. Tourner à gauche puis à droite et passer le hameau Groult. Emprunter la D 63 à droite sur 20 m, la route à gauche, la route à droite et la route à gauche.

2 Dans le virage, bifurquer à droite sur le large chemin bordé de hêtres. A la croisée, monter à droite (nord) par le sentier de crête, puis descendre par le chemin caillouteux à gauche vers Les Charmettes, puis le long du centre aéré et continuer jusqu'au **château de Tourlaville** (ou des Ravalet ; *salon de thé*).
De style Renaissance Italienne, il fut construit au 16e siècle. Le parc est accessible au public toute l'année.

Du château de Tourlaville à La Glacerie-Eglise
`2,5 km` `40 mn`

A La Glacerie-Eglise :

3 Sous le parking du **château de Tourlaville**, longer la barrière en bois et descendre en bordure du bief jusqu'à l'étang de pêche des Costils. Prendre la route à gauche. Bifurquer à gauche, puis à droite pour remonter la vallée du Trottebec. Au carrefour, continuer par la deuxième route à droite, puis s'engager sur le chemin à gauche et suivre la vallée à droite. Gagner une intersection à l'entrée de **La Glacerie-Eglise**.

De La Glacerie-Eglise aux **Rouges-Terres**
`3,5 km` `50 mn`

4 Laisser le chemin de **La Glacerie** à gauche, puis monter par la route à droite en direction de La Rue-aux-Juifs. Après plusieurs virages, prendre la route à gauche. A la ferme, partir à droite, puis passer sous le pont routier. Emprunter la petite route à gauche. Elle mène sur les hauteurs de La Glacerie, traverse le hameau Cloquant et débouche sur la N 13, aux **Rouges-Terres**.

▶ Possibilité de gagner le quartier de la Mairie à droite, à 500 m *(hôtel-restaurant)*.

Des **Rouges-Terres** à la vallée de Quincampoix

Dans la vallée de Quincampoix :

5 Au feu des **Rouges-Terres**, traverser la N 13, prendre la route de gauche, puis partir à gauche et suivre le chemin qui longe l'hippodrome de La Glacerie. Descendre par la route à droite, puis la route à gauche et la route à droite. Passer la fontaine et le lavoir.

6 A La Loge, prendre la route à gauche, puis la route à droite et continuer tout droit. Descendre par le chemin de terre très encaissé. Virer à gauche et, avant La Brunerie, tourner à droite pour passer le pont de chemin de fer. Se diriger à droite, traverser la D 900 face au café et atteindre un croisement dans la **vallée de Quincampoix**.

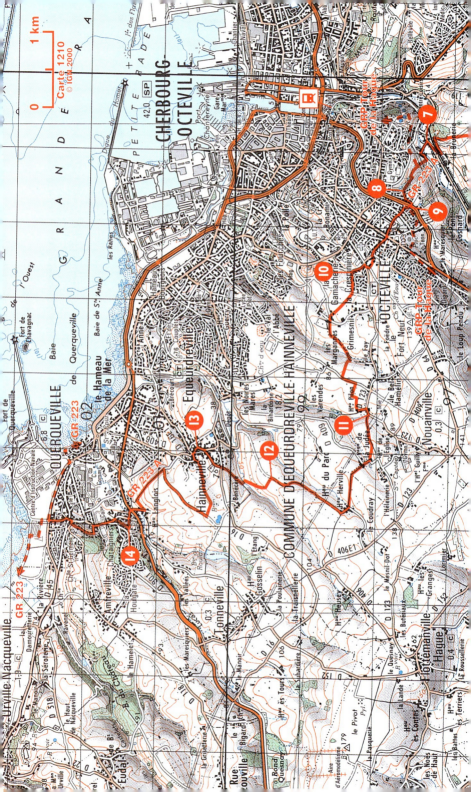

De la vallée de Quincampoix au parc du Vallon-Sauvage

7 Quitter la **vallée de Quincampoix**, la D 900, par la petite route du Moulin-Letullier à gauche. A La Jouennerie, tourner à gauche entre les vieilles maisons. Partir à droite sous les jardins ouvriers, puis emprunter à gauche le sentier et monter dans le **parc du Vallon-Sauvage**.

▶ Jonction avec le GR® de Pays de la Hague qui arrive à droite du port de Cherbourg. A gauche, les GR® sont communs jusqu'à la rocade d'Octeville.

Du parc du Vallon-Sauvage à la rocade d'Octeville

A Octeville :

8 A la sortie du **parc du Vallon-Sauvage**, monter à gauche, prendre la rue en face, tourner à gauche puis à droite et franchir **la rocade d'Octeville** aux feux.

▶ Séparation du GR® de Pays de la Hague qui part à gauche.

De la rocade d'Octeville à Hainneville

9 Aux feux de la **rocade d'Octeville**, tourner à droite puis à gauche. Passer l'église et la mairie d'Octeville, traverser la rue Salengro et continuer tout droit (nord-ouest).

10 A La Crespinière, s'engager sur le chemin à gauche, passer une croisée de chemins et gagner Grimesnil. Prendre la route à gauche et descendre dans le vallon du Fay. Tourner à droite, remonter, emprunter la route à gauche, puis le chemin à droite. Au hameau Pinon, virer à gauche, puis suivre la route à droite.

11 Dans le virage, s'engager sur le chemin à droite. Bifurquer à droite, prendre la route à droite et, à La Judée, poursuivre tout droit par le chemin. Traverser le hameau Herville à droite *(croix)*, tourner à droite et continuer tout droit par la chasse des Trois-Chênes.

12 Descendre à gauche dans le vallon du Vaupreux, franchir le ruisseau et gagner la croix Cocard. Couper la D 16 et gagner à gauche le carrefour, avant l'église d'**Hainneville**.

D'Hainneville à Querqueville

13 Passer à gauche de l'église d'**Hainneville**. Au carrefour, tourner à gauche, puis prendre le chemin à gauche. A la croisée, virer à droite et, au croisement en T, se diriger à gauche. Descendre dans le vallon, aller à gauche puis à droite, couper la D 901 et continuer vers l'ouest sur 200 m.

14 Partir à droite, emprunter le chemin bordé de murets et de chênes vers La Coquerie *(manoir)* et poursuivre par la rue principale. Prendre la deuxième rue à gauche, passer au pied de l'église, descendre à droite puis à gauche et atteindre la D 45, à **Querqueville**.

▶ Jonction avec le GR® 223 qui, à droite, vient de Cherbourg et, à gauche, se dirige vers le cap de la Hague *(voir pages 56 et 57)*.

Le sentier GR® de Pays
Tour de la Hague

▶ Le GR® de Pays Tour de la Hague, de Sciotot à Cherbourg, combiné avec le GR® 223, permet de réaliser une boucle au nord-ouest du Cotentin, à partir de Cherbourg *(voir pages 56 et 57)*.

De **Sciotot** aux **Pieux** `3 km` `45 mn`

A Sciotot :
Aux Pieux :

❶ A **Sciotot**, entrer dans le hameau et bifurquer à gauche. Au bout de la rue, se diriger à gauche sur quelques mètres, puis monter par le chemin herbeux à droite. Il gravit la colline dénommée la Roche à Coucou *(panorama du cap de Carteret au cap de Flamanville)*. Prendre le chemin à droite, continuer tout droit et arriver aux premières maisons des Pieux. Traverser la rocade, passer près du château d'eau et atteindre une grande place *(arrêt des cars)*. Poursuivre tout droit et se retrouver derrière la mairie des **Pieux**.

Des **Pieux** à **Saint-Christophe-du-Foc** `7,5 km` `1 h 50`

Eglise à tour octogonale de style roman, flèche pyramidale et chapelle de 1842, manoir de Cailletot (16e - 17e) – petit patrimoine traditionnel (lavoir) – marché le vendredi.

❷ Contourner la mairie des **Pieux**. Laisser la rue Centrale en face, prendre la rue de Forgette à droite et traverser la place du P'tit-Bourg. Descendre tout droit, utiliser le boviduc sous la D 650 et tourner à gauche. Au rond-point, partir en direction de Cherbourg par la D 650.

❸ 200 m plus loin, prendre la petite route à droite. Continuer tout droit, passer à côté des serres de production de tomates, traverser la D 331 et arriver face à l'ancienne coopérative de Benoistville. Emprunter la D 408 à gauche.

▶ Hors GR® à Benoîtville (1 km) : chambres d'hôte, restaurant

❹ Au croisement, poursuivre tout droit par le chemin de terre. Passer une croisée de chemins, continuer sur 500 m puis, à la patte d'oie, bifurquer à droite et déboucher sur la D 56, près de La Croix-Saint-Georges.

Lande des Pieux. *Photo M.-F. Hélaers.*

Le Raz Blanchard

Le Cap de La Hague, s'avançant dans la mer de la Manche, provoque un rétrécissement qui entraîne un fort courant entre Goury et l'île d'Aurigny. Alternativement dans un sens ou dans l'autre en fonction de la marée, le déplacement de l'eau peut atteindre une vitesse supérieure à 12 nœuds (environ 25 km/h) par fort coefficient. Cet important déplacement d'eau crée des remous en frôlant les rochers de la côte. Ce phénomène, particulièrement violent à proximité du phare de Goury, se manifeste par des gerbes d'écume blanche. C'est sans doute en voyant cela que nos ancêtres l'ont appelé le Raz Blanchard (de l'ancien scandinave *râs* qui signifie « courant d'eau »).

En 1834, pour signaler cet endroit très dangereux, on décida de construire un phare. Sa construction demanda 3 ans. Sa tour de 48 m est en granit de Flamanville. Puis, pour secourir les nombreux naufragés victimes de ces difficiles conditions de navigation, on créa une station de sauvetage en 1865. Ce fut une des premières de France. Cependant, elle ne toucha son premier bateau qu'en 1870. L'abri actuel comprend 2 sorties : l'une permet de sortir dans le port à marée haute et l'autre vers l'extérieur lorsque la mer est basse (visite possible). Comme dans toutes les stations en France, l'équipage du canot de sauvetage est depuis toujours composé de bénévoles.

Pour faire face à l'augmentation du trafic maritime dans la mer de la Manche notamment, l'État décida dans les années 1970 de mettre en place des CROSS (Centre Régional Opérationnel de Surveillance et de Sauvetage), dont celui de Jobourg. Les bâtiments actuels datent de 1984. Situé au sommet de la colline, cet établissement, dépendant du secrétariat d'État aux Transports et à la Mer, est chargé de surveiller tous les bateaux qui empruntent le rail des Casquets (environ 74 000 navires par an), véritable autoroute de la mer, en respectant des règles de circulation très précises. D'une portée de 75 km, un puissant radar analyse tous les mouvements des bateaux, ceux-ci étant obligés de décliner leur identité et signaler la nature de leur cargaison. En plus de cette mission de surveillance du trafic maritime, le CROSS Jobourg est chargé de la coordination des opérations de sauvetage en mer du Mont Saint-Michel au cap d'Antifer, ainsi que de la surveillance des pollutions et des pêches (ne se visite pas).

Jean-François Millet

Jean-François Millet est né au lieu-dit Gruchy à Gréville-Hague en 1814 dans une famille paysanne. En 1837, il obtient une bourse pour suivre les cours de l'école des Beaux-Arts à Paris. Millet a connu le succès tardivement. Ses premières œuvres, même les plus célèbres, comme le Semeur (1850, Museum of Fine Arts, Boston) ou les Glaneuses (1857, Musée du Louvre, Paris) ont souvent été décriées. Grâce à l'Angélus (1857, Musée du Louvre, Paris) et à l'Homme à la Houe (1862, Collection Russel, San Francisco), le peintre commence à devenir célèbre. C'est en 1867, quand l'Exposition Universelle de Paris présente une rétrospective de son œuvre, que Millet gagne l'estime générale. La sensibilité aiguë de l'artiste et ses dominantes brunes et grises sont très appréciées aujourd'hui. Ses dernières œuvres, telles que le Printemps (1873, Musée du Louvre, Paris) sont des paysages plus clairs, plus calmes, qui annoncent déjà l'impressionnisme.

L'exposition présentée au Grand Palais en 1975 à l'occasion du centenaire de sa mort lui a rendu une place qui légitime amplement l'admiration que lui vouait Van Gogh.

Goury et son phare.
Photo F. Cappelle/CDT50.

Baie d'Ecalgrain.
Photo S. Fautré/CDT50.

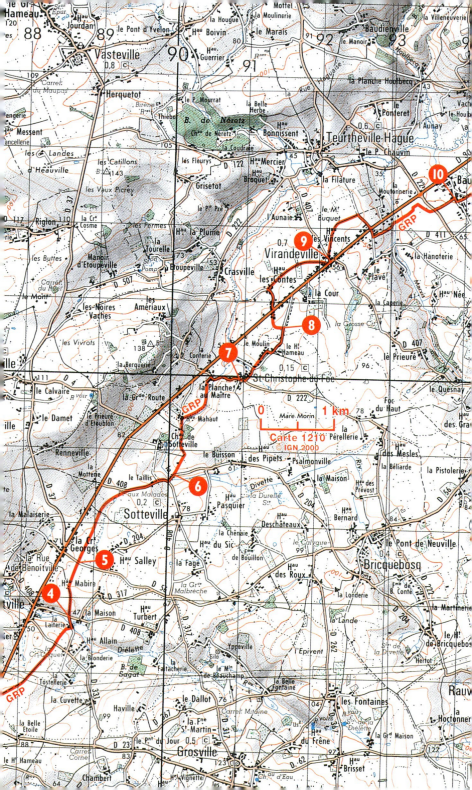

5 Traverser la D 56 et continuer tout droit sur 1,5 km. Emprunter la D 408 à droite. Laisser à gauche l'allée qui mène au château de Sotteville, prendre la D 204 à gauche et franchir la Divette.

6 Dans le virage, monter par le chemin de terre à gauche. Continuer sur 300 m et à gauche prendre le large chemin de terre ; passer le moulin, le village de la Planche au Maître et monter la route à droite vers **Saint-Christophe-du-Foc**.

De **Saint-Christophe-du-Foc à Virandeville** `2,5 km` `40 mn`

A Virandeville :

Eglise du 15e, statues de saint Jean-Baptiste et saint Jean-Christophe, porche 1744.

7 Contourner l'église de **Saint-Christophe-du-Foc** par la droite, puis tourner à gauche en direction de Virandeville *(à gauche, élégant manoir de la Barguignerie 16e)*. Au carrefour, prendre la deuxième rue à droite pour traverser le hameau et, à la sortie, emprunter la route à gauche.

8 En haut de la côte, aux premières maisons, s'engager sur le chemin à gauche. Couper la D 904 *(prudence)* et traverser le hameau Es-Contes. A l'extrémité, prendre le chemin de terre à droite et gagner **Virandeville**. Contourner l'église, puis emprunter la D 407 à gauche sur 50 m.

De **Virandeville à Baudretot** `2,5 km` `40 mn`

Croix de la fin du 18e, taillée dans un énorme bloc de granit, haute de 3 mètres et son fût octogonal fait près de 50 cm de section.

Ruisseau de Trottebœuf. *Photo J. Mauquest.*

9 Quitter **Virandeville**, s'engager sur le chemin de terre à droite, puis tourner à droite et traverser à nouveau la D 650. Prendre la rue à gauche, franchir le pont qui enjambe le ruisseau, puis monter par le chemin à gauche. Suivre la route à droite, couper la D 22 et continuer par le chemin de terre en face. Il mène à **Baudretot**.

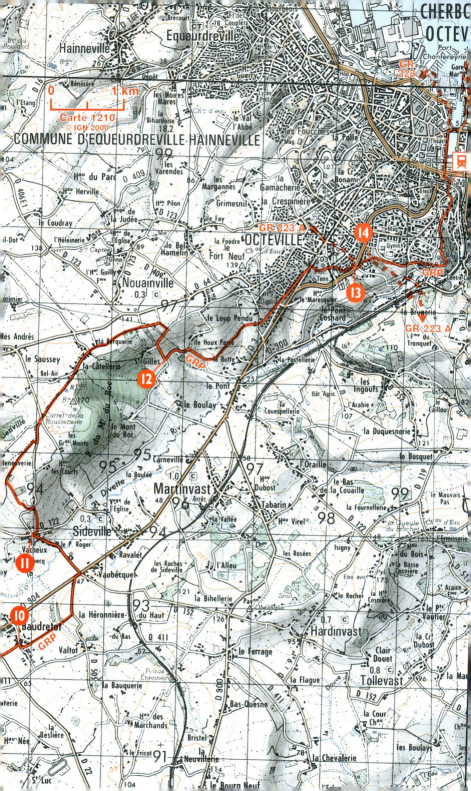

De **Baudretot** à **la rocade d'Octeville**   `10,5 km` `2 h 40`

A Octeville :

10 Laisser **Baudretot** à gauche, prendre la route à droite, puis le chemin du Val à gauche. Emprunter la D 505 à gauche, longer la D 650 à droite sur 50 m, puis descendre par la D 152 à gauche et arriver au Vacheux.

11 Au carrefour, prendre la D 122 à droite sur 50 m, puis le chemin à gauche. Suivre la D 152 à gauche, monter par le chemin de terre à droite, puis encore par le chemin à droite. Utiliser la D 152 à gauche jusqu'au carrefour de la Roussetterie. S'engager sur le large chemin en face et traverser La Castellerie. Dans le virage, partir dans la chasse aux Francs. Elle contourne le bois du Mont-du-Roc. Descendre par la route à droite.

12 Juste avant le virage à droite, prendre à gauche le chemin du Houx-Percé. Laisser à droite le chemin du Vieux-Moulin et arriver au Loup-Pendu. Emprunter la route à gauche, monter par la D 3 à gauche sur 50 m, puis suivre la rue à droite et atteindre la **rocade d'Octeville**.

▶ Jonction avec le GR® 223A qui arrive en face de Querqueville *(voir pages 112 et 113)*. A droite, les GR® sont communs jusqu'à l'entrée du Vallon-Sauvage.

De **la rocade d'Octeville** au **parc du Vallon-Sauvage** `500 m` `10 mn`

13 Franchir le pont de la **rocade d'Octeville**, tourner à gauche, prendre la deuxième rue à droite, entrer dans le **parc du Vallon-Sauvage** et descendre le vallon.

▶ Séparation du GR® 223A qui descend dans la vallée de Quincampoix.

Du **parc du Vallon-Sauvage** à **Cherbourg** `2 km` `30 mn`

A Cherbourg :

14 Dans le **parc du Vallon-Sauvage**, partir à gauche, longer le parc de la Fauconnière, monter au château d'eau par la gauche, descendre tout droit *(panorama sur la rade de Cherbourg)*. Monter à droite vers les immeubles. A gauche, descendre la rue et prendre à droite l'allée de Marguerite et traverser la voie ferrée désaffectée puis descendre vers le parking de la gare de **Cherbourg**.

▶ En suivant le bassin de pêche par la gauche, on rejoint le Pont Tournant et l'intersection avec le GR® 223 Tour du Cotentin.

Clocher de Notre-Dame-du-Vœu. Dessin J. Bazin.

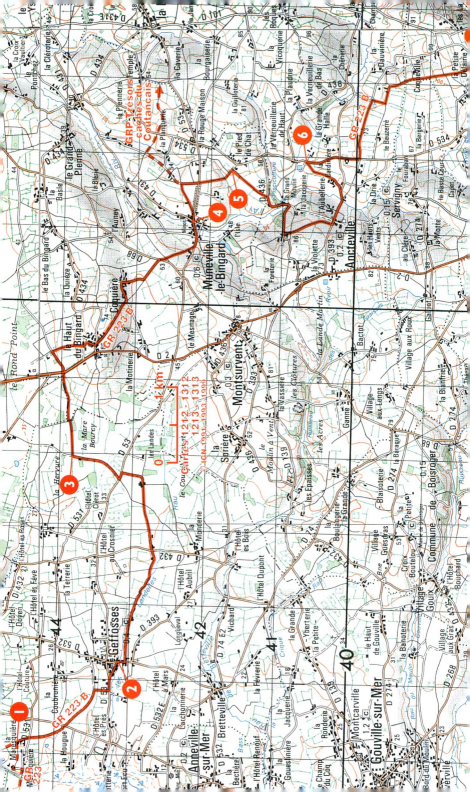

Le sentier GR® 223B
Variante de Coutances

▶ Le GR® 223B rejoint la gare SNCF de Coutances et visite le bocage du Coutançais.

De la Petite-Maresquière à Geffosses   2 km   30 mn

A Geffosses :

1 Face aux dépendances de la ferme de la **Petite-Maresquière**, aller à gauche puis à droite, passer devant la maison *(trophées de concours agricoles sur la façade)*, traverser la D 531 et continuer par le chemin empierré. Couper la D 72, poursuivre sur 600 m, puis emprunter le chemin à droite. Prendre la D 53 à gauche sur 150 m et, avant le monument aux morts de **Geffosses**, bifurquer à droite.

De Geffosses à Muneville-le-Bingard   8,5 km   2 h 10

A Muneville-le-Bingard :

2 Après l'église de **Geffosses**, prendre la rue à droite sur 150 m, puis s'engager sur le chemin à gauche. Il longe la vallée des Landelles et mène aux Oies-Landes. Suivre la D 53 à gauche, puis le chemin empierré à droite sur 750 m.

3 S'engager dans le bosquet à droite sur un chemin rural peu visible. Couper la D 2 et continuer par la route en face sur 350 m. Emprunter le chemin à droite, entrer dans Le Haut-de-Bingard, traverser la D 434, obliquer sur la route à gauche et poursuivre par le chemin herbeux. Prendre la route à gauche et, à Coquière, la route à droite. Croiser la D 68 (décalage à droite), parcourir la D 53 à gauche, puis bifurquer à gauche dans **Muneville-le-Bingard**.

De Muneville-le-Bingard à La Foulerie   4 km   1 h

A La Foulerie :

4 A **Muneville-le-Bingard** aller à gauche, puis à 20 m encore à gauche. A la route bitumée, le GRP continue en face vers Saint-Sauveur-Lendelin. Prendre la route à droite, croiser la D 53 et continuer par le chemin sur 300 m.

5 Avant la maison, tourner à droite. Emprunter la D 436 à droite, passer une ancienne pisciculture et, après La Renaudière-Juhel, partir à gauche pour arriver à Ancteville. Prendre la D 393 à gauche sur 600 m, bifurquer à gauche vers La Cardinière et continuer par le chemin dans l'axe jusqu'à la D 534, face au manoir de **la Foulerie**.

De La Foulerie à La Petite-Délairie   3,5 km   50 mn

6 A **La Foulerie**, suivre la D 534 à droite, couper la D 393 et poursuivre sur 300 m. S'engager sur le chemin à gauche. A la route, prendre le chemin à droite, puis le chemin à gauche. A L'Hôtel-Joie, emprunter le chemin à droite et gagner **La Petite-Delairie**.

De La Petite-Délairie à Monthuchon `2 km` `30 mn`

A Monthuchon :

7 A **La Petite-Délairie**, prendre la route à droite, la route à gauche sur 250 m, puis descendre à droite. Passer Les Vaux, La Guérie à droite, traverser la D 293, puis monter par le chemin. Emprunter la D 57 à gauche sur 150 m, à l'entrée de **Monthuchon**.

De Monthuchon à Coutances `6 km` `1 h 30`

A Coutances :

8 Ne pas entrer dans **Monthuchon**, mais prendre la rue Hugon à droite sur quelques mètres et descendre par le chemin à droite. Suivre la route à droite, passer La Michellière, Le Vaurecent et, dans le virage (oratoire), s'engager tout droit dans l'impasse.

9 Monter par le chemin à droite. Emprunter la D 293 à gauche sur 250 m, puis descendre par le chemin à gauche et passer sous la rocade. Prendre le chemin à gauche, tourner à droite, contourner la demeure, entrer à droite dans le pré, franchir le Bulsard et poursuivre par le sentier qui longe la rivière jusqu'à La Martinière. Continuer par le chemin des Sources.

10 Au bout, prendre la rue Laloi à droite sur 100 m. Dans le virage, continuer par le sentier qui mène à la rivière et la longer à gauche. Près du cimetière, emprunter la D 2 à gauche sur 150 m, la rue à droite et, après le lavoir, le chemin du Moulin-du-Haut. S'engager sur le chemin du Moulin-du-Bas à droite, puis sur la sente qui mène au stade. Traverser la D 44, puis descendre par la rue des Piliers, au pied de **Coutances**.

▶ Arrivée en face du GR® 221 qui vient du centre de Coutances.

De Coutances au pont de la Roque `7 km` `1 h 45`

Coutances (capitale religieuse du Cotentin) : cathédrale 11e-13e (tour-lanterne octogonale), églises Saint-Pierre et Saint-Nicolas (15e-16e), jardin public et musée.

11 Ne pas continuer en face vers **Coutances**, prendre la rue du Hameau-Turpin à droite et poursuivre par le chemin ombragé. Traverser le domaine du lycée agricole sur un chemin privé (qu'il convient de ne pas quitter). Contourner les serres par la gauche, emprunter le chemin en face (mare à gauche) et devant les bâtiments, partir à droite. Laisser le château d'eau à droite, parcourir le large chemin, puis s'engager tout droit sur le sentier empierré et passer sous la ligne électrique.

12 Bifurquer à gauche, emprunter la D 274 à gauche, traverser la D 20 et continuer en face vers l'église de Bricqueville-la-Blouette. Descendre par le chemin en face. Il longe la vallée de la Soulles. Prendre la D 20 à gauche et atteindre le **pont de la Roque**.

▶ Jonction avec le GR® 223 qui arrive à droite de la pointe d'Agon et, qui en face, se dirige vers le mont Saint-Michel (voir pages 84 et 85).

125

Coutances et la cathédrale Notre-Dame

Capitale historique du Cotentin, Coutances est aujourd'hui le coeur d'un Pays d'art et d'histoire, label décerné par le ministère de la Culture.

Bien que durement touchée par les bombardements de 1944, la ville a conservé ses principaux monuments, ainsi qu'une bonne partie de ses quartiers anciens. Construite sur une colline dominant le bocage environnant, la cité est couronnée par sa prestigieuse cathédrale du XIIIe siècle, accompagnée par les églises Saint-Pierre et Saint-Nicolas. Le jardin des plantes, le quartier du Pont de Soulles et celui des Piliers enrichissent l'offre patrimoniale et sont autant d'attraits à découvrir.

La cathédrale romane fut l'œuvre de l'évêque Geoffroy de Montbray au XIe siècle. Des vestiges importants subsistent dans les tours et les murs de la nef (visibles lors des visites guidées). Dans les années 1210, l'évêque Hugues de Morville lança la construction de la cathédrale gothique. Les structures romanes de la nef et des tours sont revêtues d'une chemise gothique. Le chœur, lui, est totalement reconstruit.

L'édifice est typique de l'architecture normande : verticalité, sobriété du décor à base de motifs géométriques ou feuillagés (rosaces de la nef), passages devant les fenêtres hautes, colonnes jumelées dans le chœur… L'ensemble semble inondé de lumière grâce à la tour-lanterne, véritable prouesse architecturale : elle repose en porte-à-faux sur les piliers de la croisée grâce à l'intermédiaire de quatre pendentifs. La chapelle d'axe, appelée circata, a été ajoutée au XIVe siècle.

Malgré les ravages de la Révolution, la cathédrale a traversé le temps sans trop de dommages. Elle a heureusement été épargnée par les bombardements alliés de juin 1944 et conserve tous ses vitraux anciens, dont les plus remarquables sont les verrières narrant les vies de saint Marcouf et de saint Lô (XIIIe s.) dans le chœur ainsi que la grande verrière du Jugement Dernier dans le transept sud (XVe s.).

En saison, des visites guidées sont organisées tous les jours (sauf samedi toute la journée et dimanche matin). Renseignements : office de tourisme du Pays de Coutances – 02 33 19 08 10.

Le jardin des plantes de Coutances

Créé sous le Second Empire entre 1852 et 1855, grâce au legs de Monsieur Quesnel-Morinière, le jardin des plantes de Coutances est l'un des plus anciens de Normandie. Ce parc offre un harmonieux mariage de la symétrie à la française, des bosquets à l'anglaise et des terrasses à l'italienne. Il possède un labyrinthe et de jets d'eau. Le jardin devint un précurseur et un modèle des jardins du XIXe siècle, tout en étant contemporain des premiers jardins paysagers parisiens.

Au détour des allées, on retrouve la sculpture dite *la Maternité*, la statue de Rémy de Gourmont et de l'Amiral de Tourville.

Une collection d'arbres rares, de superbes massifs floraux, d'autres massifs en mosaïculture, un labyrinthe en colimaçon en font un lieu de promenade et de rêverie privilégié. Le jardin est inscrit à l'inventaire supplémentaire des Monuments Historiques depuis 1992.

La cathédrale de Coutances. *Photo M.-F. Hélaers.*

Index des noms de lieux

Agon (Le Phare) 83
Anneville-en-Saire 107
Anneville-sur-Mer..81
Anse des Moulinets (Herquemoulin).............63
Anse du Brick (Fermanville) 51
Auderville...63
Avranches...97
Barfleur...47
Barneville-Carteret..71
Baudretot..121
Beaubigny..71
Beaucron (Bruchevillle)..................................33
Biville...65
Blainville-sur-Mer...83
Bouillon 93
Bretteville-sur-Ay-Plage 75
Brillevast..105
Cap Levi (Fermanville)...................................51
Carentan...33
Carolles-Plage 93
Cherbourg-Octeville..53
Coudeville-Plage 87
Coutainville-Plage...83
Coutances...125
Denneville-Plage...73
Diélette...67
Donville-les-Bains 89
Emondeville...39
Fermanville..49
Flamanville..67
Fontenay-sur-Mer 39
Gateville (le Phare) 47
Geffosses 123
Genêts 95
Goury..63
Gouville-sur-Mer...81
Granville..89
Hainneville 113
Hameau aux Fèves (Greville-Hague).............59
Hattainville..71
Hauteville-sur-Mer..87
Herquemoulin..65
Heugueville-sur-Sienne 85
Isigny-sur-Mer...29
Jullouville..93
Kairon...93
La Bonne Vierge Simonet (Bretteville)....53, 11
La Caserne...99
La Chaussée (Vains Saint Léonard)...............97
La Foulerie..123
La Glacerie-église...111
La Guintre (Courtils) 99
La Passerelle sur la Sée 97
La Pernelle...107
La Petite Délairie (La Vendelée) 125

La Petite Maresquière (Gefosses)..........81, 123
La Rive...33
La Vallée de Quincampoix 113
Landemer...59
Le Becquet...53
Castel de la Mondrée.......................................49
Le Mont-Saint-Michel....................................99
Le Nez de Voidries..63
Le Pont de la Roque 85, 125
Le Pont Langlois...67
Le Rivage (Huisnes-sur-Mer).........................99
Le Rivage (Morsalines)..................................41
Le Rozel...69
Le Vast...105
Les Fours...105
Les Pieux 115
Les Rouges Terres (la Glacerie)...................111
Les Salines 87
Lessay..77
Montebourg...39
Montfarville...107
Monthuchon..125
Muneville-le-Bingard 123
Octeville (la rocade)..............................113, 121
Omonville-la-Petite 59
Omonville-la-Rogue (le Port)........................59
Parc du Vallon Sauvage........................113, 121
Pirou-Pont...77
Plainvic (Le Havre)...63
Pontaubault 97
Portbail...73
Querqueville..57
Quinéville..41
Regnéville-sur-Mer...85
Reville..45
Saint-Christophe-du-Foc..............................119
Saint-Germain-sur-Ay-Plage..........................75
Saint-Jean-le-Thomas.....................................95
Saint-Martin-de-Bréhal 87
Saint-Martin-de-Varreville.............................37
Saint-Pair-sur-Mer..89
Saint-Vaast-la-Hougue...................................45
Sainte-Mère-Eglise 37
Sciotot..69, 115
Siouville..67
Surtainville..69
Surville...75
Théville..103
Tourlaville (Le Château)..............................111
Turqueville..37
Urville-Nacqueville..59
Utah Beach..35
Vallée de Quincampoix 113
Vauville..65
Virandeville...119

Toute représentation ou reproduction, par quelque procédé que ce soit, constituerait une contrefaçon sanctionnée par les articles L. 335-2 et suivants du Code de la propriété intellectuelle.
Les extraits de cartes figurant dans cet ouvrage sont la propriété de l'Institut Géographique National. Leur reproduction dans cet ouvrage est autorisé par celui-ci.
Le tracé de l'itinéraire sur les fonds de carte IGN est la propriété de la Fédération Française de la Randonnée Pédestre.
Topo-guide des sentiers de Grande Randonnée®, Sentiers de Grande Randonnée®, GR®, GR® Pays, PR®, « à pied® », « les environs de… à pied® », ainsi que les signes de couleur blanc-rouge , et jaune-rouge qui balisent les sentiers sont des marques déposées.
L'utilisation sans autorisation de ces marques ferait l'objet de poursuites en contrefaçon de la part de la Fédération Française de la Randonnée Pédestre.

10e édition : septembre 2005
© Fédération Française de la Randonnée Pédestre - ISBN 2-7514-0073-6 - © IGN 2005
Dépôt légal : septembre 2005
Compogravure : MCP (Orléans)
Impression : Aubin (Ligugé)